Bruno Kern

KARL KRAUS

Widerspruch gegen den Zeitgeist

»Das geschriebene Wort sei die naturnotwendige Verkörperung
eines Gedankens und nicht die gesellschaftsfähige Hülle einer Meinung.«

Karl Kraus

Karl Kraus, 1908

Für Joachim,
den Lesemeister – und Freund

Inhalt

»... wenn der Rohstoff der Welt in meine Form eingeht«:
So beschreibt Karl Kraus selbst seine nächtliche Arbeit.

DIE SCHÖPFERISCHE OHNMACHT DES WORTES

»...dass ich ihn für den größten deutschen Satiriker halte, den einzigen in der Literatur dieser Sprache, den man neben Aristophanes, Juvenal, Quevedo, Swift und Gogol zu nennen ein Recht hat« – so lautet das Urteil von Elias Canetti zu Karl Kraus (Canetti 1981 b, 256).

Nach dem Zweiten Weltkrieg hatte es allerdings den Anschein, als würde Karl Kraus dem Vergessen anheimfallen, zu einer Fußnote der Literaturgeschichte herabsinken – bis es in den Sechzigerjahren des vorigen Jahrhunderts zu einer ungeahnten Kraus-Renaissance kam, die sogar seine treuesten Anhänger überraschte. Dies hängt sicherlich unmittelbar mit der Tatsache zusammen, dass die österreichische Literatur nach den Schlammfluten des »Dritten Reiches« ein besonderes Bedürfnis verspürte, sich wieder verstärkt auf die eigenen Traditionen zurückzubesinnen und schöpferisch daran anzuknüpfen. Die neue Hinwendung zu Karl Kraus widerlegte eindrücklich seine Gegner, die prophezeit hatten, der an die Aktualität des Tages gebundene Schriftsteller würde zusammen mit den konkreten Anlässen seiner Satire in die Bedeutungslosigkeit versinken. Die Presse, Literaturbetrieb und Phraseologie, die Erotik und die Moral der Philister, Lüge und Krieg, die geschundene Kreatur – dies sind die vornehmlichen Themen der Kraus'schen Satire. Viele der konkreten Anlässe (und Personen) sind tatsächlich – wie er es selbst vielfach prophezeit hat – heute weitgehend in Vergessenheit geraten. Bleibende Gültigkeit und unsterbliche Aktualität gewannen seine Texte eben durch die sprachliche Form, mit der Kraus diesen Ereignissen Gestalt verlieh.

Dass wir Karl Kraus die besten Witze und Wortspiele seiner Zeit, die schärfsten Satiren und treffsichersten Pointen verdanken, das wurde ihm vielfach attestiert. Einem breiten Publikum ist er bis heute vor allem durch seine Aphorismen bekannt. Sein Biograf Jens Malte Fischer nennt ihn denn auch in einem Atemzug mit Lichtenberg. In der Abbreviatur des Aphorismus gelingt es Kraus, die Fülle eines Gedankens in antithetischer Zuspitzung zur Sprache zu bringen. Wie anspruchsvoll gerade diese konzentrierteste sprachliche Gestaltungsform ist, hat Kraus selbst unübertroffen formuliert, wenn er etwa sagt: »Der längste Atem gehört zum Aphorismus«, oder: »Einer, der Aphorismen schreiben kann, sollte sich nicht in Aufsätzen zersplittern.« (S 8, 238)

Kraus war überhaupt ein Meister der kleinen Form: die Glosse, die Stellungnahme und der Essay sind – neben seinen Gedichten ab 1913 – die literarischen Gattungen, in denen er zu Hause ist. Die fast tausend Bände der *Fackel* – der roten Hefte, die nach anfänglichen Gastbeiträgen bald ausschließlich von ihm verfasst wurden – zeugen davon.

Mit den sparsamsten Mitteln konnte Kraus ein Höchstmaß an satirischer Wirkung erzielen. So etwa handhabte er virtuos das entlarvende Zitat. Ähnlich wie Nietzsche bediente er sich der Technik der Spationierung, der Hervorhebung innerhalb von Zitaten. Zuweilen genügte die Tatsache, dass ein Text in der *Fackel* erschien oder – wie in seinem großen Weltkriegsdrama – einer Bühnenfigur in den Mund gelegt wurde. Oftmals bestand seine Eigenleistung lediglich in einem knappen Kommentar des Zitierten oder in einer geschickten Montage – eine Methode, durch die er vor allem während des Ersten Weltkriegs listig die Zensur umging.

Ein immer wieder erhobener Vorwurf gegen Kraus lautet, dass er »mit Kanonen auf Spatzen« gezielt habe. Im scheinbar Nebensächlichen erkannte Kraus Symptome eines grundsätzlichen Übelstandes, und gerade die aufmerksame Beobachtung dieser Symptome lässt ihn das, was ihnen zugrunde liegt, viel tiefer durchdringen als die meisten Zeitgenossen. Das Beispiel schlechthin hierfür ist sein gewaltiges Weltkriegsdrama *Die letzten Tage der Menschheit*: Es ist eine imposante Collage von

Einzelszenen, die gerade in individuellen Borniertheiten, Eitel- und Spießigkeiten das Gemälde jener geistigen Disposition entwirft, die diese Menschheitskatastrophe erst ermöglicht hat.

Gerade angesichts des oberflächlichen, oftmals plumpen Witzes, der sich heute landläufig mit dem Prädikat »Satire« schmückt, kann nicht klar genug betont werden: Echte Satire weist eine ethische Deckung auf, entfaltet ihre Kraft nur deshalb, weil sie tief im Nährboden eines sittlichen Weltverhältnisses wurzelt und aus der Quelle reinen Ursprungs schöpft. Am deutlichsten kommt dies in den Glossen der *Kriegsfackel* und im während des Krieges entstandenen Aphorismenband *Nachts* zum Ausdruck (s. S. 82).Vor allem in seinen beiden Schlüsselessays *Nestroy und die Nachwelt* sowie *Heine und die Folgen* (S. 63 f.) hat Kraus dies selbst reflektiert.

»Das Wort wurde ihm zur heiligen Waffe, die Kritik an den Schändern des Wortes zum religiösen Bekenntnis.« (Walter Muschg)

»Von allen anderen großen Satirikern unterscheidet sich Kraus dadurch, dass seine Satire im Kern durch seinen Glauben an die unzerstörte und unzerstörbare Kraft der Sprache bestimmt ist.« (Fischer 2020, 118) Kraus war ohne Zweifel ein Virtuose der Sprache – und wies den Anspruch dennoch energisch von sich, eine Sprache »beherrschen« zu wollen. Im Gegenteil: Das rechte Verhältnis zur Sprache ist die Empfänglichkeit für die Möglichkeiten, die sie in sich selber birgt. Dieses geradezu mystische, besser noch: erotische Verhältnis zur Sprache ist ein Schlüssel zum Verständnis von Karl Kraus insgesamt. »Ich bin nur einer von den Epigonen, die in dem alten Haus der Sprache wohnen«, heißt es bezeichnenderweise in einem seiner Gedichte, das wie kaum ein anderer Text sein diesbezügliches Selbstverständnis artikuliert (S 9, 93). Und mitten im Ersten Weltkrieg schreibt er das nach Ansicht Jens Malte Fischers »größte poetologische Gedicht der deutschen Literatur« (Fischer 2020, 381), *Der Reim*, in dem genau dieses empfangende, jeder Manipulation des Sprechers entzogene Verhältnis zur Sprache zum Ausdruck kommt (S 9, 94–96). Mit dieser

Auffassung von Sprache reiht sich Kraus in eine bedeutsame Tradition ein – bedeutsam nicht zuletzt vor dem Hintergrund einer neuen Aufmerksamkeit für die Sprache in der zeitgenössischen Philosophie bis hin zu Jürgen Habermas'»linguistic turn«. Jacques Le Rider macht auf den entsprechenden Einfluss des Philosophen Johann Friedrich Herbart aufmerksam (Le Rider 2018, 11), und die frühe Sprachphilosophie Ludwig Wittgensteins weist deutliche Anleihen an Karl Kraus auf.

»Die Gedichte von Karl Kraus stellen den Gipfel dar, den Schmerz und Empörung in deutscher Sprache erreicht haben.« (Michael Guttenbrunner)

Sein nach eigener Aussage »verbotenes Intimverhältnis zur Sprache« lässt ihn geradezu zum Fanatiker des rechten Sprachgebrauchs werden. In die späten Nummern der *Fackel* nimmt er die »Sprachlehre« als regelmäßige Rubrik auf, und es stellt eine angemessene Vollendung seines Gesamtwerks dar, dass das letzte, posthum erschienene Werk, das er vor seinem Tod noch redigiert hat, den Titel *Die Sprache* trägt.

Allerdings: Das Gespür für die Unverfügbarkeit der Sprache entfaltet bei Kraus eine ungeahnte gesellschaftskritische Kraft. Kaum einer hat dies so klarsichtig erkannt wie Max Horkheimer:

Er […] schärfte die strenge und präzise Erfahrung von der Sprache zu einem Mittel der kritischen Theorie von der Gesellschaft. Seine Sprachanalysen dienen deren Physiognomik. Er demaskiert sie durch die Sprache, die sie spricht, durch die Untat, die sie an der Sprache verübt. […] Die Wundmale der vom Kommerz geschändeten Sprache waren ihm die von der ausgebeuteten und geschundenen Menschheit, der Zerfall der Sprache das Urbild dessen der Gesellschaft. […] Verglichen mit seiner Sprachanalyse sind die Instrumente der offiziellen Gesellschaftswissenschaft stumpf und harmlos. (Horkheimer 1989, 21–23)

Genau deshalb ist die *Phrase* so sehr Zielscheibe der Kraus'schen Satire: Die gesellschaftlichen Zustände entlarvt er anhand von deren sprachlichem Unvermögen!

Unerkannt wie Harun al Raschid durchstreift er bei Nacht die Satzbauten der Journale und hinter der starren Fassade der Phrasen späht er ins Innere, entdeckt er in ihren Orgien der »schwarzen Magie« die Schändung, das Martyrium der Worte. (Benjamin, 1977, 344)

Die Phrase als »Ausgeburt der Technik« und als »Ausdruck der veränderten Funktion der Sprache in der hochkapitalistischen Welt« (Benjamin 1977, 337) bzw. als die »zur kompletten Unwahrheit geronnene sprachliche Formulierung von falschem Bewusstsein« (Fischer 2020, 269) führt Kraus zur programmatischen Kriegserklärung. Gleich in der ersten Nummer der *Fackel* heißt es denn auch: »Was hier geplant wird, ist nichts als eine Trockenlegung des weiten Phrasensumpfes.« (F 1, 1899, 1 f)

Jens Malte Fischer zufolge besteht Kraus' satirische Methode darin, »die widrige Wirklichkeit an ihrer sprachlichen Ausdrucksunfähigkeit zu packen«.

Kraus' Verhältnis zur Sprache, das sich weigert, diese auf ein bloßes Vehikel der Kommunikation zu reduzieren, ist aber andererseits weit entfernt vom pseudomystischen Geraune eines Stefan George oder eines Martin Heidegger. Seine Kulturkritik ist keine Spiritualisierung der Wirklichkeit, im Gegenteil:

Besser als jeder andere wusste er, dass dem Geist mehr dient, wer dafür sorgt, dass ein Kind nicht zu hungern braucht, als wer die Gobelins von Schönbrunn rettet oder Salzburger Mysterienspiele veranstaltet. (Horkheimer 1989, 23)

Hans Weigel hat in seiner empfehlenswerten Kraus-Monografie (Weigel 1972) die interessante These aufgestellt, das »Phänomen Kraus« sei vor allem von daher verständlich, dass ihm selbst eine angestrebte Karriere als Schauspieler verwehrt blieb (s. S. 29 f.) und er ein Leben lang versucht habe, sich der Sphäre des Theaters auf Umwegen zu nähern. Wenn diese These m. E. auch als Gesamtdeutung von Karl Kraus zu kurz greift, so trifft sie doch einen wichtigen Aspekt. Immerhin hat Kraus selbst bekannt, er wäre wohl der einzige Schriftsteller, der sein

Schreiben schauspielerisch erlebe, seine Vorlesungstätigkeit hat er selbst ab 1925 als »Theater der Dichtung« bezeichnet, er bringt erstmals erfolgreich Frank Wedekinds *Büchse der Pandora* auf die Bühne und übernimmt darin selbst eine kleine Rolle. Shakespeare, Nestroy und Offenbach sind fester Bestandteil des Repertoires seiner Lesungen, und es ist sicher kein Zufall, dass der mimisch begnadete Kraus als Vorbilder genau solche wählt, die Dramatiker und Schauspieler bzw. Komponist und Dirigent zugleich waren.

Eine der Hauptzielscheiben Kraus'scher Satire ist die Presse. Im Zuge der Korrektur eines Lexikonartikels zu seiner Person stellt er ausdrücklich klar, dass es ihm nicht etwa um mehr oder weniger verbreitete Auswüchse, sondern durchaus um die Presse als solche geht, die er pauschal für die Verallgemeinerung der Phrase, der Lüge und des Ungeistes der Zeit verantwortlich macht. Was für ein Kontrast zum Aufklärungspathos des jungen Karl Marx, der einige Jahrzehnte früher die Presse als das »überall offene Auge des Volksgeistes, das verkörperte Vertrauen eines Volkes zu sich selbst, … die inkorporierte Kultur« bezeichnete (MEW 1, 60)! Zum Verständnis des Zeitkontextes muss angemerkt werden, dass das Pressewesen zu Zeiten von Karl Kraus noch nicht unseren heutigen Standards unterworfen war und dass die Unterscheidung zwischen redaktionellem Text und bezahlten Anzeigen vielfach nicht möglich war. Und im Gegensatz zu diesen pauschalen Verdikten hat Kraus später durchaus unter Beweis gestellt, dass er innerhalb des Pressewesens zu differenzieren weiß. Das wird nicht zuletzt in seinem Kampf gegen Békessy (S. 109 f.) und in seiner Wertschätzung für die *Arbeiter-Zeitung* während des Kriegs deutlich. Dennoch erscheint Kraus hier gerade angesichts unserer Durchkommerzialisierung der Medien, vor allem der fatalen Rolle der neuen sogenannten sozialen Medien, deren Kontrolle durch wenige Plutokraten und deren Rolle bei der Zurichtung der Menschen auf die Zwecke der Ökonomie aktueller denn je. Walter Benjamin erläutert den Hintergrund von Kraus' Verhältnis zur Presse »im Hochkapitalismus« folgendermaßen: »Die Zeitung ist ein Instrument der Macht […] nicht nur in dem, was sie vertritt, auch in dem, wie sie es tut, ist sie ihr Ausdruck.« (Benjamin 1977, 344) Es fällt nicht schwer, dies auf die heutigen, vor allem digitalen Medien zu beziehen.

Kraus beginnt sein öffentliches Wirken bereits in sehr jungen Jahren als Literaturkritiker. Wie kaum einer verfügt er über ein untrügliches Sensorium für alles Unechte, Oberflächliche, Eitle innerhalb des Literaturbetriebs. Aber auch in seiner Wertschätzung und Anerkennung bewies er ein sicheres Urteilsvermögen. Seine Essays zur Literatur sind heute noch imstande, den Lesern und Leserinnen Beurteilungsmaßstäbe für die Qualität und die gesellschaftliche Rolle von Literatur an die Hand zu geben und das Empfinden für sprachliches Gestalten zu schärfen.

»Niemand hat die Heuchelei des Fin de Siècle auf dem Gebiet der Sexualität so dekuvriert wie Karl Kraus …« (Jens Malte Fischer)

Bald schon sollte ein Themenkreis ins Blickfeld von Kraus rücken, dem er auch seine erste Buchveröffentlichung widmet: die verlogene Sexualmoral der Gesellschaft seiner – und in nicht geringerem Maß unserer – Zeit. Die Aktualität im Stofflichen ist schon verblüffend: Ob es nun um die von Alice Schwarzer angestoßene Debatte eines Verbots der Prostitution, um die neu aufkeimende Homophobie, um skandalöse psychiatrische Gutachten im Zusammenhang mit Strafprozessen aus jüngster Zeit, um völlig unangemessene, den Opfern am allerwenigsten gerecht werdende Reaktionen der Öffentlichkeit auf Missbrauchsfälle, um den völlig anachronistischen Blasphemieparagrafen oder um das Sexualleben des politischen Gegners als Waffe in der öffentlichen Auseinandersetzung geht – man ist immer wieder versucht, darauf hinzuweisen, dass Karl Kraus dies alles vor mehr als hundert Jahren bereits satirisch erledigt hat. Kraus selbst hätte diese Aktualität im Stofflichen keineswegs als Bestätigung, eher als Beleg für das Versagen bzw. die Ohnmacht der Satire aufgefasst.

»Die Entwicklung der Technik ist bei der Wehrlosigkeit vor der Technik angelangt.« (aus: *Nachts*)

In einem viel grundsätzlicheren Sinne aktuell ist Kraus aber in seiner Haltung gegenüber der Fortschrittsgläubigkeit seiner Zeit. Die Begeisterung für einen technischen Fortschritt, der den Menschen systematisch überfordert, der ihn letztlich selbst der von ihm geschaffenen Maschine ausliefert und der in Komplizenschaft mit der Presse dafür sorgt, dass er schließlich in seine Selbstzerstörung als ein unvermeidliches Geschick einwilligt, entlarvt Kraus mit apokalyptisch geschärftem Bewusstsein. Die Siege des Menschen über die Natur, sein Vordringen in die letzten unberührten Winkel (wie etwa durch die Nordpolexpedition Frederick Cooks) erkennt er im Gegensatz zum Großteil seiner Zeitgenossen als Pyrrhussiege. Ähnlich wie sein am historischen Materialismus geschulter Zeitgenosse Walter Benjamin nimmt er die Perspektive dessen ein, was auf der Strecke dieses Fortschritts bleibt. Um dies adäquat zum Ausdruck zu bringen, nimmt er immer stärker Anleihe an der Sprache der Bibel. Sein »Offener Brief an das Publikum« hierzu trägt denn auch – wie auch ein entsprechendes Gedicht – den Titel *Apokalypse*. Hier heißt es etwa:

An allen Enden dringen die Gase aus der Welthirnjauche, kein Atemholen bleibt der Kultur und am Ende liegt eine tote Menschheit neben ihren Werken, die zu erfinden ihr so viel Geist gekostet hat, dass ihr keiner mehr bleibt, sie zu nützen. Wir waren kompliziert genug, die Maschine zu bauen, und wir sind zu primitiv, uns von ihr bedienen zu lassen. (S 4, 9)

»… den Naturverrat dieser entleerten Zeit« bezeichnet Kraus als »das große Thema, das größte aller Themen« (F 781–786, 2). Der Konservative könnte damit aktueller nicht sein.

Immer klarer tritt uns heute ins Bewusstsein, dass die ökologische Krise der Menschheit eben nicht durch noch mehr Technik, durch die Fortschreibung der stumpfen Quantität dessen, was die Krise allererst verursacht hat, bewältigt wird, sondern ganz im Sinne des »konservativen« Karl Kraus durch eine Rückkehr zum menschlichen Maß, durch ein Sich-Einfügen in die Kreisläufe der Natur. Die apokalyptische Zeitdiagnose hat bei ihm ihr Gegenbild in einem »Ursprungsdenken«, das er der bloßen Extrapolation eines linearen Fortschrittsoptimismus entgegensetzt. Die Kontrastfolie dazu bilden sein intensives Naturerleben und sein starkes Empfinden für die geschundene Kreatur. Seine im besten Sinn des Wortes anrührenden Glossen zu Hunden, wie etwa *Die Fundverheimlichung* (S 6, 43–47), der Abdruck von Rosa Luxemburgs berühmtem *Büffelbrief* in der *Fackel* mitsamt dessen wortgewaltiger Verteidigung gegenüber einer »Unsentimentalen« (Luxemburg 2018, 163–178, sowie S 16, 136–142) sind dafür ein ebenso beredtes Zeugnis wie die intensiv gestalteten Szenen aus seinem Weltkriegsdrama über die ertrinkenden Pferde und den toten Wald (S 10, 721–722).

Der Erste Weltkrieg, jene »Urkatastrophe des 20. Jahrhunderts«, war für Kraus beides zugleich: eine harte Zäsur und die Bestätigung all dessen, was er bereits vorher dem Säurebad seiner Satire ausgesetzt hatte. Der politisch eher desinteressierte, bis kurz vor dem Krieg noch durchaus monarchistisch denkende Karl Kraus erschrickt angesichts der Ereignisse, erkennt, dass sie nichts mehr zu tun haben mit der konventionellen Vorstellung von Krieg, dass sich hier die Mobilmachung der Maschine gegen den Menschen bis in ihre letzte blutige Konsequenz steigert. Er wird unter diesem Eindruck zum unbedingten Pazifisten. Die heute wieder durchaus Angst erregenden propagandistischen Töne von der »Zeitenwende«, bellizistisch gleichgeschaltete Medien, die zaghafte pazifistische Stimmen nur lauthals verhöhnen, lassen einen die Verzweiflung eines Karl Kraus im August 1914 erahnen. Der heutigen »Zeitenwende« entsprach damals das Schlagwort von der »großen Zeit«, das Kraus in seiner programmatischen Anrede im November 1914 schonungslos entlarvte, den heute bestimmenden geopolitischen Interessen der angestrebte »Platz an der Sonne«. Dass militärische »Verteidigung« angesichts der Destruktivkräfte des Industriezeitalters nichts als ein Anachronismus ist, weil das, was vorgeblich verteidigt werden soll, im Zuge dieser Verteidigung zerstört wird, dass wir uns, um die Bedingungen des Menschseins zu retten, von jeder militärischen Logik konsequent verabschieden müssen – diese Einsicht hätten wir uns heute, im Zeitalter der Massenvernichtungswaffen und der sich gerade aus ökologischen Gründen zuspitzenden Konfliktpotenziale dringend anzueignen. Elias Canetti hat Kraus' diesbezügliche Bedeutung richtig erfasst, wenn er schreibt:

»Die gleichschaltenden Mächte des Unglücks haben Karl Kraus allgemeinverständlich gemacht. Die Verzweiflung wird ihn übersetzen, die Hoffnung wird ihn lesen, die Tat ihn verwirklichen.« (Berthold Viertel)

Aus seiner Gesinnung ist heute eine Erkenntnis geworden, der selbst Machthaber sich mehr und mehr eröffnen müssen: dass Kriege nämlich für Sieger wie für Besiegte widersinnig und darum unmöglich sind und dass ihre un-

widerrufliche Verfemung nur noch eine Frage der Zeit ist. (Canetti 1981 a, 48)

Das Versagen der Kultur- und Geisteswelt, des Großteils der Literaten zumal, angesichts dieser Katastrophe hat Kraus ganz besonders im Blick, und nach 1918 wird ihm die Haltung zum Krieg zum Maßstab, an dem sich jede Kulturleistung zu bewähren hat. Die Presse macht Kraus verantwortlich für die psychologische Zurüstung der Massen zum Krieg, für die geistige Abstumpfung und vor allem die mangelnde Vorstellungskraft, die ihn hätte verhindern können. Wie der unerbittliche und unkontrollierbare technische Fortschritt in Friedenszeiten, wie die anonyme Herrschaft des Kapitals selbst, entfaltet er, einmal in Gang gesetzt, seine nicht mehr kontrollierbare Dynamik:

Es gibt keine Armbrust und keinen Tyrannen. Es gibt Technik und Bürokraten. Es gibt nur den Knopf, auf den das Plutokratische drückt. Aber da ist kein verantwortliches Gesicht […]. Autokratie als ein technischer Begriff: das könnte es sein. Ein Ding, das nicht selbst, sondern von selbst gebietet. Und alle treibt das hohle Wort des Herrschers Zufall, der die Welt regiert. (F 462–471, 171, 9. Oktober 1917)

Vorangestellt ist dieser Passage ein Satz, der ein weiteres zentrales Stichwort zum Verständnis von Karl Kraus liefert:

Denn der Mangel an Fantasie war die Voraussetzung der gegenwärtigen Massenaktion, deren fortwirkendem Kommando kein Gegenruf der Menschenwürde mehr antwortet … (F 462–471, 171)

Bereits in seiner großen Anrede vom November 1914, mit der er sein Schweigen angesichts des Kriegs erklären wollte – aus dem dann ein recht beredtes Schweigen werden sollte –, formuliert er:

… in dieser Zeit, in der eben das geschieht, was man sich nicht v o r s t e l l e n konnte, und in der g e s c h e h e n muss, was man sich nicht mehr vorstellen kann, und könnte man es, es geschähe nicht … (S 5, 9)

Mehr als ein halbes Jahrhundert später sollte ein anderer Zeitdiagnostiker zu einem ähnlichen Befund kommen. Günther Anders spricht in seinem Hauptwerk *Die Antiquiertheit des Menschen* vom »prometheischen Gefälle«, davon, dass Vorstellen und Fühlen des Menschen nicht mehr mithalten können mit der von ihm selbst erzeugten Produktewelt, dass sich unsere psychischen Fähigkeiten merkwürdig asynchron verhalten zu der Welt, die wir erzeugen:

So wie die ideologische Theorie hinter den faktischen Verhältnissen, so bleibt das Vorstellen hinter dem Menschen zurück: Machen können wir zwar die Wasserstoffbombe; uns aber die Konsequenzen des Selbstgemachten auszumalen, reichen wir nicht hin. – Und auf gleiche Weise humpelt unser Fühlen unserem Tun nach: Zerbomben können wir zwar Hunderttausende; sie aber beweinen oder bereuen nicht. (Anders 61983, 16–17)

Fantasiearmut liegt also Kraus zufolge der Weltkriegskatastrophe zugrunde. Gerade die Sprache ist es für Kraus, die jenen Raum der Vorstellungskraft erschließt, die uns in die nötige Distanz zum Bestehenden bringt und verhindert, dass unser Geist seinen Wirkmechanismen ausgeliefert ist. Mir scheint, dass diese Einsicht gerade heute an Plausibilität gewinnt. Ist es nicht der Mangel an Vorstellungsvermögen, die Unfähigkeit, über die Industriegesellschaft hinauszudenken, eine Wirklichkeit jenseits davon zu entwerfen, die uns selbst in unserem

Bemühen um ökologische Nachhaltigkeit an das Bestehende fesseln, an das wir uns mit dem abenteuerlichsten und aberwitzigsten Technikoptimismus klammern? Die uns lediglich das extrapolieren lassen, was die Misere allererst herbeigeführt hat? In einer Inschrift nimmt Kraus in lyrischer Form Günther Anders' These von der »Antiquiertheit des Menschen«, der mit dem, was er selbst hervorbringt, nicht mehr mithalten kann und ihm hoffnungslos ausgeliefert ist, vorweg:

> *Was haben wir nur in all der Zeit*
> *getrieben?*
> *Wir sind mit dem Fortschritt vorausgeeilt*
> *und hinter uns zurückgeblieben.* (S 9, 424)

Gerade der »antimoderne« Kraus, der den herrschenden Plausibilitäten des technischen Fortschritts nicht aufsitzt, erweist sich als so treffsicher in seiner Zeitdiagnose. Das bestätigt er am Ende seines Lebens eindrücklich in seinem posthum, erst lange nach dem Zweiten Weltkrieg erschienenen Werk *Die dritte Walpurgisnacht*, das er unter dem Eindruck der Einsetzung Hitlers zum Reichskanzler verfasste. Während gerade viele aus dem »linken« Lager den Faschismus Mussolinis noch als das Phänomen einer halbagrarischen Gesellschaft betrachtet und ihn in einem Industrieland wie Deutschland für unmöglich erachtet hatten (so etwa der sozialdemokratische Vordenker Karl Kautsky), sah Kraus in den Nationalsozialisten die legitimen Kinder der Moderne, im Faschismus die Konsequenz der hinter dem Fortschritt lauernden Inhumanität, und fasst dies unübertrefflich und prägnant in seinem Wort von den »elektrisch beleuchteten Barbaren« (S 12, 41) zusammen. Kraus erkennt, dass Hitler und seine Bewegung trotz allem Rückgriff auf Mythologie und archaische Rituale in der Konsequenz der Moderne liegen. Die Auseinandersetzung mit eben dieser fragwürdigen Moderne und

Jens Malte Fischer bezeichnet *Die dritte Walpurgisnacht* als »einen der grandiosesten und ungewöhnlichsten politischen Texte der deutschen Literatur«.

Industrialisierung, die in ihrem Hunger nach Ressourcen der »Selektion« bedarf, gerade weil ihr Wohlstandsmodell nicht verallgemeinerbar ist – dies wäre der Auftrag, der uns Heutigen aus diesem letzten überlieferten Werk von Karl Kraus erwächst.

Das Problematische, Befremdliche, Widersprüchliche, ja zuweilen Peinliche an Karl Kraus soll keineswegs verschwiegen oder kleingeredet werden. Es wird in dieser kleinen Biografie jeweils recht deutlich zur Sprache kommen und muss deshalb hier nicht vorab thematisiert werden. Und dennoch: Mögen sein satirischer Scharfsinn und sein Sprachvermögen uns die gegenwärtigen ebenso geistlosen wie angsteinflößenden Zustände bestehen helfen. Möge Karl Kraus auch heute seine Leser und Leserinnen finden, die die Erfahrung machen, dass man anhand seiner Texte vor allem eines kann: lesen lernen überhaupt!

DER »GARTENDUFT AUS FRÜHEN JAHREN«: KINDHEIT, JUGEND, ERSTES ÖFFENTLICHES WIRKEN

Es ist ein sauberer Ort, der seine landschaftlichen und kulturellen Reize hat, ehrwürdig als Stätte blutiger Ereignisse und durch die Fülle bedeutender historischer Bauten, in der Umgebung befindet sich die bei Schiller vorkommende »Karthause zu Gitschin«, die früher Grabstätte Wallensteins war … (F 697–705, 167)

Dem Erpresserjournalisten Békessy ruft Kraus in Erinnerung, »… dass ich in einem Hause zur Welt gekommen bin, welches im Jahre 1866 Bismarck beherbergte, den Mann, der die Presse als Druckerschwärze auf Papier und die Journalistik als den verfehlten anderen Beruf erkannt hat … « (F 697–705, 167)

So beschreibt Karl Kraus selbst in seiner Polemik gegen den Erpresserjournalisten Békessy seinen Geburtsort, das nordöstlich von Prag gelegene Jičin. Hier kam er als zweitjüngstes von insgesamt neun Kindern des Ehepaars Jacob und Ernestine Kraus (geb. Kantor) zur Welt. Jacob Kraus war ein äußerst erfolgreicher Gründerzeitfabrikant und wurde durch die Herstellung des vielseitig verwendbaren Ultramarin sowie von Papiertüten vermögend,

Jacob Kraus

so vermögend, dass er seine Kinder mit einer lebenslangen Rente ausstatten konnte – für Kraus die materielle Basis seiner Unabhängigkeit, die sein satirisches Werk erst ermöglichte.

Eine kleine körperliche Beeinträchtigung begleitete Karl Kraus sein Leben lang: Die hochgezogene rechte Schulter – die ihn später immerhin vor der Einberufung als Soldat bewahren sollte – rührte nicht, wie immer wieder kolportiert, von einer Skoliose, also einer Seitwärtsverkrümmung des Rückgrats her, sondern von einer nicht richtig verheilten Oberarm-Fraktur aus frühen Kindheitstagen. Kraus war trotz dieser kleinen Behinderung zeitlebens ein hervorragender Schwimmer – so hervorragend, dass er seine Freundin Mechtilde Lichnowsky vor dem Ertrinken in der Moldau retten konnte.

»Heuer geht's
früh aufs Land,
auf blasser Wange
fühle ich deine
Hand.
Fort bist du lange.«

Mit diesen Zeilen gedenkt Kraus in seinem Gedicht »Jugend« der früh verstorbenen Mutter

Der Umzug der Familie nach Wien war für den damals Dreijährigen offenbar eine durchaus traumatische Erfahrung: Der Lärm, der Verkehr, das Labyrinth der Straßen und Gassen – all das erfüllte das Kind mit Angst. Mit pochendem Herzen, so wird berichtet, habe sich der kleine Karl bei den Spaziergängen mit der Gouvernante im Wiener Stadtpark an die stets mitgeführten Figuren seines Puppentheaters geklammert.

»Das Wort ›Familienbande‹ hat einen Beigeschmack von Wahrheit«, wird Kraus später in einem seiner Aphorismenbände formulieren (S 8, 67). Dennoch scheint dieses Bonmot kaum eine Grundlage in seinem eigenen Erleben zu haben. Es sind uns zwar durchaus schriftliche Zeugnisse von Spannungen, insbesondere zwischen ihm und seinem Vater, bekannt, diese gehen aber über das erwart-

Karl Kraus im Kindesalter, um 1880

bare Maß nicht hinaus. Seine ersten Gehversuche im Bereich der Literatur, der dem Kaufmann Jacob Kraus fremd gewesen sein muss, und insbesondere die Gründung der *Fackel* unterstützen sowohl der Vater als auch der älteste Bruder Richard großzügig und mit Wohlwollen.

Nach Absolvierung der Grundschule besucht Karl Kraus das Franz-Joseph-Gymnasium in Wien. Der gute Schüler – vor allem in den Fächern Latein und Mathematik – gewinnt eine gesunde Distanz zum Schulwesen seiner Zeit. Später wird er in seiner Glosse *Die Welt der Plakate* schreiben:

Die Erwachsenen, die noch immer eine kindische Freude haben, den vor der Tür des Lebens Wartenden den Christbaum mit den Geschenken einer fertigen Bildung zu behängen, wissen nicht, wie unempfänglich sie die Kinder für alles machen, was die wahre Überraschung des Lebens bedeutet. […] [W]ährend meine Kameraden schlechte Sittennoten bekamen, weil sie unter der Bank Bücher lasen, war ich ein Musterschüler, weil ich auf jedes Wort der Lehrer passte, um ihre Lächerlichkeiten zu beobachten. (S 2, 256)

Die letzte Bemerkung spielt auf etwas an, was von den Weggefährten, unter anderem von seinem Schulfreund Karl Rosner, vielfach bezeugt ist: Der Schüler Kraus verstand es hervorragend, die Lehrer in Redensweise und Habitus zu imitieren und zum Gaudium seiner Klassenkameraden bloßzustellen – der erste Erweis seines schauspielerischen Talents und der genauen Beobachtungsgabe des Zeitkritikers, der gerade in den beiläufigen Gesten die Physiognomie der Epoche erfassen wird.

Der erwähnte Schulkamerad war übrigens der Sohn eines Buchhändlers, in dessen Haus Kraus – neben dem in der Schule Vermittelten – erste wichtige Leseeindrücke gewann. Neben Börne, Heine und Nestroy entdeckte er dort unter anderem den Journalisten Daniel Spitzer, der mit seinen *Wiener Spaziergängen* ein erstes wichtiges Vorbild für seine eigenen zeitkritischen Satiren werden sollte.

Eine Episode aus der Schulzeit ist recht aufschlussreich: Der Tertianer Kraus suchte den geschätzten Lehrer Heinrich Sedlmayer privat auf und bat ihn um Unterstützung, weil er so schwach in Deutsch sei! Derjenige, der bald der begnadetste Stilist seiner Zeit werden sollte, erfüllte die Anforderungen des damaligen Deutschunterrichts nicht! Noch in einer seiner Glossen während des Ersten Weltkriegs schreibt Kraus durchaus glaubwürdig: »Ich bin noch heute nicht imstande, eine Ferienwanderung oder Herbstwanderung zu beschreiben …« (S 6, 20), und epische Literatur blieb ihm zeitlebens fremd. Über Romane etwa hat er sich recht herablassend geäußert.

Dann in der Bildung Frohn,
bessrer Berater,
spielt mir der Lebenston
Sommertheater.

Da ward mir frei und froh
vor bunter Szene,
Liebte Madame Agnot,
schöne Helene.

Blaubarts Boulotte und,
nicht zu vergessen,
Gerolstein, Trapezunt,
alle Prinzessen. (S 9, 205)

Das Gedicht *Jugend*, aus dem diese Strophen stammen, vermittelt uns aus erster Hand die für Kraus prägenden Eindrücke seiner frühen Jahre. Er spielt hier auf die Ferienaufenthalte in Bad Ischl an. Der Erwerb eines Ferienhauses in dieser Kurstadt für die besseren Kreise inklusive des Herrscherhauses ist ein Statussymbol des gesellschaftlichen Aufstiegs der Familie Kraus. Für Karl aber bedeuten diese Sommeraufenthalte die erste Begegnung mit der Welt des Theaters, nicht zuletzt mit Jacques Offenbach, der später zum festen Bestandteil seiner Lese- und Rezitationsabende werden sollte.

Auch das für Kraus so entscheidende Naturerleben verweist zurück auf seine Kindheitserfahrungen. Mehrmals erinnert er später an seine Aufenthalte in Weidlingau, einem anderen Ferienort der Familie im westlichen Wienerwald:

Als ich zehn Jahre alt war, verkehrte ich auf den Wiesen von Weidlingau ausschließlich mit Admiralen. Ich kann sagen, dass es der stolzeste Umgang meines Lebens war. Auch Trauermantel, Tagpfauenauge und Zitronenfalter machten einem das junge Leben farbig. (S 8, 177)

Nach der Reifeprüfung (»Matura«) im Jahr 1892 wird Kraus sich zwar an der Universität einschreiben und einige Semester lang Jura und Philosophie bzw. Germanistik studieren, sein Interesse aber gilt vor allem der Literatur und dem Theater. Immerhin verdankt Kraus seiner Studienzeit die lebenslange Freundschaft mit Peter Altenberg (eigentlich Richard Engländer), dem alkoholkranken, psychisch zerrütteten und schließlich völlig verarmten Kaffeehausliteraten par excellence. Literarisch stellt Altenberg eine außergewöhnliche Erscheinung dar. Was er zu Papier bringt, sind hauptsächlich kleine Skizzen von Alltagsbeobachtungen – scharfsinnig, witzig, anrührend, kleine Juwele der Dichtkunst und der empfindsamen Menschenkenntnis, mit sprachlicher Meisterschaft gestaltet. Kraus, der Altenbergs Texte zum Teil auch selbst ediert (etwa Altenberg 2009), würdigt deren Qualität mit den Worten:

Diese von Gott autorisierte Übersetzung des Menschen in die Sprache wird – eine Empfänglichkeit späterer Welten vorausgesetzt – noch zu Menschen sprechen, wenn fast alles, was heute gedruckt wird, nicht mehr mit freiem Auge wahrnehmbar sein wird. (S 3, 290)

Die Karriere des Literaturkritikers Karl Kraus beginnt bald nach der Matura. Bereits als Gymnasiast hatte er für sich etwa Detlev von Liliencron entdeckt, mit dem er zeitlebens freundschaftlich verbunden bleiben sollte und dessen von jedem oberflächlichen Ästhetizismus freie »Urtümlichkeit« er schätzte, aber auch Gerhart Hauptmann, von dem er sich erst nach dessen Kriegsbegeisterung enttäuscht abwandte. Der neue Realismus bzw. Naturalismus aus Deutschland war für ihn ein erfrischender Kontrast zum damaligen österreichischen Literaturbetrieb, den er als verlogen und dem sozialen Leben entfremdet empfand. Bereits im Oktober 1892 hielt er seine erste öffentliche Lesung ab. Der Titel, *Im Reiche der*

Kotpoeten, griff jenes Schimpfwort auf, das der damals an Ansehen alles überragende Theaterkritiker Ludwig Speidel auf die Naturalisten gemünzt hatte. Im August 1893 las Kraus in Ischl (Tirol) – und später dann auch in Wien und München – unter großem Beifall Gerhart Hauptmanns *Die Weber* vor – ein Stück, das damals in Österreich und Deutschland noch von der Theaterzensur unterdrückt war. Und schließlich war es seine scharfe satirische Abrechnung mit dem österreichischen Literaturbetrieb unter dem Titel *Die demolierte Literatur*, mit der Kraus das erste Mal als Satiriker hervortrat und öffentliche Aufmerksamkeit erzielte: Der Abriss des berühmten Wiener Literatencafés Griensteidl, in dem neben Kraus selbst etwa Arthur Schnitzler, Hugo von Hofmannsthal, Richard Beer-Hofmann und nicht zuletzt Hermann Bahr, der sich gern als das »Haupt der Moderne« gerierte, verkehrten, lieferte Kraus den Anlass für eine brillante und vernichtende Polemik gegen die damalige Wiener Literatenszene, die erst in der *Wiener Rundschau* und danach in etwas veränderter Form als eigenständige Broschüre veröffentlicht wurde. Eine Kostprobe daraus ist hervorragend als Beispiel für das satirische Verfahren von Karl Kraus geeignet. Geschickt jongliert er hier mit Goethe-Zitaten und -Anspielungen aus einem der Gedichte Hugo von Hofmannsthals:

»Wien wird jetzt zur Großstadt demoliert«, beginnt Kraus seine Satire, und: »… alles, was im Café Griensteidl die Zeche schuldig blieb, war jetzt abgeklärt.«

Die Tatsache, dass einer noch ins Gymnasium ging, begeisterte den Entdecker [Hermann Bahr] zu dem Ausruf: »Goethe auf der Schulbank!« Man beeilte sich, den Jüngling für das Kaffeehaus zu gewinnen, und seine Eltern selbst führten ihn ein: Es sollte doch gezeigt werden, dass er vom Vater die Statur, des Lebens ernstes Führen, vom Mütterchen die Frohnatur, die Lust zum Fabulieren habe. Seine Bewegungen nahmen bald den Charakter des Ewigen, seine Korrespondenzen den des »Briefwechsels« an. Er ging daran, ein Fragment zu schreiben, und war es seiner Abgeklärtheit schuldig, seine Manuskripte für den Nachlass

Karl Kraus
1898

vorzubereiten. In hoheitsvollen Versen ließ er noch den Erben an Adler, Lamm und Pfau das Salböl aus den Händen der toten alten Frau verschwenden – dann studierte er sich seine »Letzten Worte« ein. (FS II, 282–283)

Es verwundert einen nicht, dass solch gekonnte Polemik den ersten tätlichen Angriff auf Kraus (weitere sollten folgen) provozierte: Felix Salten (eigentlich Siegmund Salzmann), der Autor der weltweit erfolgreichen Tiergeschichte *Bambi*, der eine Zeitlang auch mit Kraus zusammenwohnte, ohrfeigte ihn öffentlich – was Arthur Schnitzler in seinem Tagebuch mit Genugtuung quittierte.

Im Januar 1893 erlebte Kraus jenes Fiasko als Schauspieler, das Hans Weigel zur These veranlasste, das gesamte öffentliche Wirken von Karl Kraus sei als Annäherung an die von nun an für ihn verschlossene Theaterwelt auf Umwegen zu begreifen: Im Volkstheater Rudolfsheim (dem heutigen 15. Wiener Gemeindebezirk) debütierte Kraus (als Gast) in Schillers *Räuber* als Franz Moor – übrigens an der Seite von Max Reinhardt, dessen »Regietheater« er später einer so scharfen Kritik unterziehen würde. Der Auftritt war in jeder Hinsicht verunglückt, angefangen vom für seine kleine Statur viel zu großen Kostüm. In einem Brief an Schnitzler bereute Kraus seinen Bühnenauftritt und schwor, dass sich dergleichen niemals wiederholen würde. Ob nun Hans Weigel mit seiner These recht hat oder nicht: Der verhinderten Schauspielerkarriere des Karl Kraus haben wir ein unvergleichliches literarisches Werk zu verdanken!

»Verzeihen Sie mir, Liebster, den Franz Moor. Soll gewiss nimmer vorkommen!« So schreibt Kraus an Arthur Schnitzler nach seinem missglückten Auftritt.

Noch vor der Gründung seiner eigenen Zeitschrift, der *Fackel*, tritt Kraus auch als Gesellschaftskritiker hervor. *Eine Krone für Zion* (1898) stellt eine scharfe Kritik an Theodor Herzls Projekt der Gründung eines eigenen Judenstaates dar. Für viele von echter Textkenntnis nicht gerade erleuchtete Kritiker wie etwa Marcel Reich-Ranicki (vgl. Reich-Ranicki 2014) ist diese Polemik gegen den Zionismus ein Beleg für den »jüdischen Selbsthass« von Karl Kraus. Kaum etwas könnte die Wahrheit mehr verfehlen. Kraus, in dessen Elternhaus die jüdische Religion durchaus authentisch und nicht nur im Sinne einer Konvention gelebt worden zu sein scheint, hatte sich in der Tat während seiner Gymnasialzeit dem Judentum intellektuell entfremdet und trat dann konsequenterweise auch im Jahr 1897 aus der mosaischen Religionsgemeinschaft aus. Allerdings: Die Pointe seiner Polemik gegen den Zionismus ist es gerade, dass er darin das spiegelverkehrte Bild des antisemitischen Nationalismus erblickt! Diese Pointe hatte er von seinem Standpunkt eines assimilierten Juden, der durchaus nicht bereit war, sich aufgrund seiner Herkunft gesellschaftlich selbst abzusondern, bereits in einem früheren Artikel für *Die Wage* folgendermaßen vorweggenommen:

Aber es gibt nun einmal so verstockte Europäer unter den Juden, die, weil ihnen aus den heute noch schlecht beleuchteten Niederungen des Wienertums zeitweise »Hinaus mit den Juden!« zugerufen wird, durchaus nicht geneigt sind, entrüstet zu erwidern: »Jawohl, hinaus mit uns Juden!« (FS II, 152)

Dass die tragischen Entwicklungen der kommenden Jahrzehnte Herzls Utopie eines Judenstaates durchaus rechtfertigten, war damals kaum absehbar.

Auch darüber hinaus findet die Behauptung des Hasses gegen alles Jüdische keinen Anhaltspunkt. Kraus' Positionierung etwa in der Dreyfus-Affäre (in der *Fackel* durch einen Beitrag von Wilhelm Liebknecht repräsentiert) richtet sich gegen den reflexartigen Antisemitismus-Vorwurf der Verteidiger des französischen Offiziers. Seiner Kritik an Heine liegen rein sprachliche Motive zugrunde, ebenso seiner köstlichen Polemik gegen den »Jargon« von Literaten wie Felix Salten (vgl. *Jüdelnde Hasen*, W 4, 82–84) oder Franz Werfel (S. 55 f.). Auch wenn führende Vertreter des Journalismus, wie etwa der Herausgeber der *Neuen Freien Presse*, Moriz Benedikt, Juden waren, so richtet sich Kraus' Polemik gegen Korruption und Hörigkeit wirtschaftlichen Interessen gegenüber, niemals aber gegen die jüdische Herkunft als solche. Vollends unverständlich wird die Behauptung des Kraus'schen Antisemitismus angesichts seiner posthum erschienenen satirischen Abrechnung mit der Nazi-Bewegung, *Die dritte Walpurgisnacht*. Kraus, der als einer der wenigen bereits Anfang der Zwanzigerjahre die Bedrohung durch diese Bewegung klar erkannte (»Hakenkreuzottern« nannte er sie polemisch), geht mit außerordentlicher Empathie dem Leid jedes einzelnen jüdischen Opfers des Nazi-Terrors nach.

Es konnte nicht ausbleiben, dass Kraus, der neben den besprochenen Arbeiten durch brillante Rezensionen, Theaterkritiken etc. aufgefallen war, schmeichelnde

Angebote von den führenden Zeitungen bekam, allen voran von der *Neuen Freien Presse*, dem einflussreichen Organ des Wirtschaftsliberalismus. Dass man ihn hier als Nachfolger des von ihm so verehrten Daniel Spitzer für die Wochenchronik vorsah, musste besonders verlockend gewesen sein. Kraus widersteht schließlich der Versuchung und wird fortan nicht Mitarbeiter, sondern gefürchtetster Kritiker des Blattes:

Es gibt zwei schöne Dinge auf der Welt: Der »Neuen Freien Presse« angehören oder sie verachten. Ich habe nicht einen Augenblick geschwankt, wie ich zu wählen hatte. (F 5, 11)

Dass er »nicht einen Augenblick geschwankt« habe, mag man durchaus bezweifeln. Dass er seine materielle Unabhängigkeit dazu nutzte, sich auch die geistige zu bewahren, darf als Glücksfall der Literaturgeschichte betrachtet werden.

»WAS WIR UMBRINGEN«: IM WIDERSCHEIN DER FACKEL

Eines Tages, soweit das Auge reicht, alles rot. Einen solchen Tag hat Wien nie wieder erlebt. War das ein Geraune, ein Geflüster, ein Hautrieseln! Auf den Straßen, auf der Tramway, im Stadtpark, alle Menschen lesend aus einem roten Heft … es war narrenhaft. Das Broschürchen, ursprünglich bestimmt, in einigen hundert Exemplaren in die Provinz zu flattern, musste in wenigen Tagen in Zehntausenden von Exemplaren nachgedruckt werden. Und dieses ganze Heft, mit Pointen so dicht besät, dass man es, wie die Arbeiterzeitung sagte, behutsam lesen musste, um keine der blitzenden Perlen zu verlieren, war von einem Menschen geschrieben. In dieser ersten Nummer war der ganze Akkord schon angeschlagen: Bekämpfung der Cliquen, der Nonvaleurs, der nahen, lebendigen Tyrannen an Stelle der so beliebten Zeitungspolemik gegen abstrakte oder wehrlose Gegner. (F 277–278, 2)

So schildert Robert Scheu anlässlich des zehnten Jubiläums die Reaktion des Publikums auf das erste Erscheinen der *Fackel*, von der bis zum Tod von Karl Kraus fast eintausend Nummern erscheinen sollten. Weit über Wien hinaus sollte sie bald auch eine erhebliche Leserschaft in Deutschland erreichen.

Der Vater und der älteste Bruder, Richard, unterstützten das gewagte Unterfangen großzügig materiell mit einem Kredit von eintausend Gulden und der kostenlosen Papierlieferung für die erste Nummer. Maximilian Harden, der Herausgeber der *Zukunft* und anfangs für Karl Kraus ein wichtiges Vorbild – recht bald aber sollte es zur Entfremdung und zum endgültigen Zerwürfnis kommen (S. 44) –, stand auch in praktischen Fragen mit Rat und Tat zur Seite. Kraus entwirft auf den ersten Seiten das Programm seiner satirischen Zeitschrift: Dem tönenden »Was wir bringen« der Zeitungen setzt er sein »Was wir umbringen« entgegen. Finanziell ebenso unabhängig wie

Nr. 1 Wien, Anfang April 1899

DIE FACKEL

HERAUSGEBER:
KARL KRAUS.
ERSCHEINT DREIMAL IM MONAT.

PREIS 10 KR. WIEN.

Nachdruck nur mit Angabe der Quelle »DIE FACKEL« erlaubt.

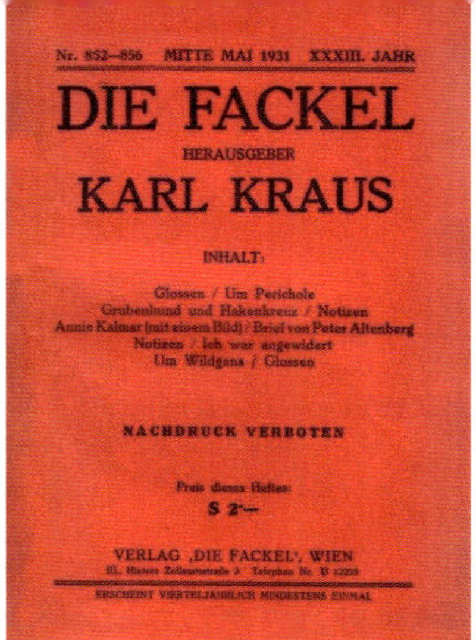

Nr. 852–856 MITTE MAI 1931 XXXIII. JAHR

DIE FACKEL

HERAUSGEBER
KARL KRAUS

INHALT:

Glossen / Um Perichole
Grubenhund und Hakenkreuz / Notizen
Annie Kalmar (mit einem Bild) / Brief von Peter Altenberg
Notizen / Ich war angewidert
Um Wildgans / Glossen

NACHDRUCK VERBOTEN

Preis dieses Heftes:
S 2·—

VERLAG ‚DIE FACKEL', WIEN

ERSCHEINT VIERTELJÄHRLICH MINDESTENS EINMAL

Die roten Hefte, die das kulturelle Wien in Aufruhr versetzten

keiner Gruppierung, Partei und dergleichen verpflichtet, nimmt Kraus den Kampf auf gegen jegliche Art von Korruption in Politik, Theater-, und Zeitungswesen … Er hat keine Scheu, sich mit den Mächtigen anzulegen, mit Börsianern und einer den Spekulanten dienstbaren Presse. Er deckt Nepotismus und Cliquenwirtschaft in Hochschule, Literatur und Theater auf. Was aber diese Art von investigativem Journalismus so einzigartig in der deutschen Literatur werden ließ, waren die brillante Sprache und die treffsichere Pointierungskunst gepaart mit einer äußersten Sorgfalt dem gedruckten Wort gegenüber.

Mit dem ersten Heft der *Fackel* wird Kraus zu einer Institution in Wien. Die Presse versucht ihn zunächst totzuschweigen, was aber angesichts seiner Popularität nicht gelingt. Der Enthusiasmus eines großen Lesepublikums hat aber auch eine – erwartbare – Kehrseite: Kraus zieht sich unerbittlichen Hass zu, der sich dann auch in zwei tätlichen Angriffen auf ihn Luft machen sollte. Hinter dem ersten dieser Überfälle in der Nacht vom 10. auf den 11. Mai 1899 vermutet Karl Kraus – wohl zu Recht – Hermann Bahr als Anstifter. Das hielt ihn nicht davon ab, später die Interessenskollision schonungslos aufzudecken, die aus Bahrs Tätigkeiten als Theaterkritiker und bezahlter Dramatiker entstanden. Die Mutmaßung einer Bestechung durch den Direktor des Volkstheaters führte dann auch zu einer Klage und langwierigen Prozessen gegen Kraus. Der zweite Überfall erfolgte einige Jahre später, im Winter 1905/1906 nach einer Vorstellung im Wiener Kabarett »Nachtlicht«: Davon berichtet ein prominenter Augenzeuge, Erich Mühsam, in der frühen Zeit der *Fackel* selbst Autor der Zeitschrift:

Ich saß mit Karl Kraus in einem Weinlokal, als die Kollegen vom Kabarett erschienen und an einem andern Tisch Platz nahmen. Plötzlich stürzte sich Henry [ein Münchener Conférencier und Chansonnier] auf Kraus, den er heimtückisch bis zur Bewusstlosigkeit verprügelte; es war höchst widerwärtig und roh. Ich lag, in dem Drange, Frieden zu stiften, beiseite geschoben, mit verstauchtem Finger, zerbrochenem Kneifer und zerfetztem Engagementvertrag in einer Ecke zu Boden … (zit. nach Weigel 1972, 90)

Diese Bilanz zieht Kraus nach dem ersten Quartal der *Fackel*:

Anonyme Schmähbriefe: 236
Anonyme Drohbriefe: 83
Überfälle: 1

Noch Jahre später wird Alfred Kerr dem Opfer brachialer Gewalt das Hohnwort »Tachtel-Kraus« (eine Tachtel ist in Österreich eine kräftige Ohrfeige) hinterherschicken (S. 46 f.).

Das frühe Aus für das so erfolgreich begonnene Unterfangen der *Fackel* sollte aber bald von ganz anderer Seite drohen: Bereits in der zweiten Nummer der Zeitschrift würdigte Kraus in einer Theaterkritik die Schauspielerin Annie Kalmar überschwänglich, stellte sie auf eine Stufe mit dem großen Volksschauspieler Alexander Girardi, pries ihre »ungemein natürliche Humorbegabung« und bedauerte, dass sie nicht zuletzt aufgrund ihrer äußeren Schönheit als Schauspielerin weit unter ihrem Wert gehandelt werde. Im Sommer 1900 schließlich kam es zur persönlichen Begegnung, aus der eine leidenschaftliche Liebe erwuchs, die jedoch allzu schnell ein tragisches Ende finden sollte. Nach dem Auslaufen von Kalmars

Annie Kalmar

Vertrag am Volkstheater vermittelte Kraus sie ans Hamburger Schauspielhaus, wo sie für die Rollen vorgesehen war, die auch nach dem Urteil des Leiters des Theaters ihrem Talent angemessen waren, etwa die der Maria Stuart in Schillers gleichnamigem Stück. Zur Premiere sollte es jedoch nicht mehr kommen. Die junge Schauspielerin erkrankte schwer an Tuberkulose und wurde bald in ein Sanatorium in Purkersdorf (westlich von Wien) eingewiesen. Kraus kümmerte sich intensiv um die Kranke. Sie trat schließlich die Reise nach Hamburg an, wo sie allerdings noch vor Beginn der Theatersaison wieder bettlägerig wurde. Zur Tuberkulose gesellten sich wohl auch die Folgen einer Alkoholkrankheit. Kraus zehrte sich auf in Kummer und Fürsorge, reiste immer wieder zu ihr, bis sie schließlich im Mai 1901 verstarb.

Für Kraus hatte das einen emotionalen Zusammenbruch zur Folge. Nach Kalmars Tod nahm er sich noch eine Auszeit in Norwegen. Als sich sein ehemaliger Freund

und Gönner Maximilian Harden später in einem Artikel erdreistete, diese so tragisch geendete Liebe als »seinen grotesken Roman« zu bezeichnen, reagierte Kraus heftig und mit satirischer Schärfe:

Mein grotesker Roman lag Herrn Harden nicht als Rezensionsexemplar vor, aber er wusste von ihm, weil ich ihn besuchte, wenn ich auf der Reise zu einem Sterbebett in Berlin Station machte [...] Detlev von Liliencron [...], Deutschlands großer Dichter, weiß, wo der Roman beerdigt liegt, und hat das Grab in seinen Schutz genommen. [...] Aus den Erkenntnissen dieses grotesken Romans wuchs mir die Fähigkeit, einen Moralpatron zu verabscheuen, ehe er mir den grotesken Roman beschmutzte [...]. Herr Harden ist tot – der groteske Roman lebt. Er hat die Kraft, immer wieder aufzuleben, und ich glaube, ich verdanke ihm mein Bestes. (S 3, 136–137)

Die durch diese tragische Liebe bedingte lange Abwesenheit Kraus' hatte fast das Ende des Projekts *Fackel* zur Folge: Kraus traute seinen Augen nicht, als ihm bei seiner Rückkehr nach Wien ein Plakat mit der Aufschrift entgegenleuchtete: »Die ›Fackel‹ ist tot. Es lebe die ›Neue Fackel‹!« Moriz Frisch, der Drucker des Heftes, wollte die Gelegenheit nutzen, sich selbst die Rechte an dem erfolgreichen Blatt anzueignen und seinen Sohn als neuen Herausgeber zu installieren. Es folgten zermürbende Prozesse durch mehrere Instanzen. Wiederum war es der ältere Bruder Richard, der Karl Kraus darin finanziell unterstützte. Kraus obsiegte schließlich vor Gericht, musste lediglich den Umschlag ändern und betraute forthin Georg Jahoda mit dem Druck der folgenden Hefte. Dessen gewissenhafte Arbeit würdigte Kraus später im Gedicht *An meinen Drucker* (S 9, 563).

Die insgesamt 922 Nummern der *Fackel* umfassen 22 600 Druckseiten und enthalten kaum Druckfehler! Zu Spitzenzeiten erreichte die Fackel eine Auflage von bis zu 38 000.

Der Publizist Karl Kraus sollte sich bald schon zu dem Satiriker entwickeln, der ihm seinen einzigartigen Platz in der Literaturgeschichte sicherte. Zu verdanken ist dies zunächst jener Thematik, die seit September 1902 zunehmend ins Zentrum von Kraus' Aufmerksamkeit rückt: der bürgerlichen Sexualmoral seiner Zeit und der Übergriffigkeit eines Staates, der mit seinen Sittlichkeitsgesetzen in den intimsten Bereich seiner Bürger eindringt. Den Wechsel des thematischen Schwerpunkts kommentiert Kraus selbst ironisch:

Nun ist der moralische Niedergang der »Fackel« eine Tatsache, die sich nicht mehr verschleiern lässt. Bald wird er reif sein, von energischer Hand »aufgedeckt« zu werden … […]. Die Freunde erschraken. Wie sollte solche Vereinigung sozialen Willens und anarchischer Laune möglich sein? Kann dem Hasser der Korruption die Prostituierung sexueller Werte auch nur erklärlich scheinen? Kann man die Schädlinge der Gesellschaft angreifen, die in Amt und Presse ihr Wesen treiben, und zugleich den sittlichen Forderungen dieser Gesellschaft eine Nase drehen? (F 185, 1, Oktober 1905)

Kraus findet nun über die bisherigen »tagespolitischen« Anlässe von Korruption und Heuchelei hinaus eines seiner großen Themen, die sein satirisches Schaffen bis zum Schluss begleiten werden. Und an diesem Thema wächst zugleich seine literarische Gestaltungskraft. Nicht mehr die kleine Glosse, die Randbemerkung, etc., stehen im Vordergrund, sondern nun bildet die literarische Gattung des Essays die adäquate Form zur Bewältigung des Stoffes. Und es ist nicht zu leugnen: Etliche seiner diesbezüglichen Satiren gehören sprachlich zu den Glanzstücken von Karl Kraus – so etwa seine »Erledigung« Maximilian Hardens (S 2, 52–78). Sogar die scharfsinnige rechtswissenschaftliche Analyse (*Erpressung*, S 1, 53–66) findet hier ihren Platz.

Zu Beginn des 20. Jahrhunderts liegt Kraus mit diesen Themen durchaus im Trend der progressiven Kräfte seiner Zeit. Die Entdeckung der Libido als wesentlicher psychischer Antriebskraft bzw. die ideologiekritische Entlarvung ihrer kulturellen Zähmungsversuche ist ein bestimmendes Motiv. Neben Sigmund Freuds bahnbrechenden Studien ist es vor allem die Literatur, die gegen den engstirnigen Philistergeist der Zeit anstürmt und Beachtliches leistet. Arthur Schnitzler wäre hier zu nennen, auch August Strindberg und natürlich Frank Wedekind.

Was die theoretischen Anschauungen zum Geschlechterverhältnis betrifft, so schöpft Kraus aus heutiger Sicht gesehen aus einer eher trüben Quelle: Im Jahr 1903 erregte ein Buch ungewöhnliches Aufsehen, das in seiner Wirkung durchaus den Entdeckungen Freuds vergleichbar war und einen erheblichen Einfluss auf die Geisteswelt, etwa auf den bereits erwähnten Strindberg, aber eben auch auf Kraus, ausübte: *Geschlecht und Charakter* des jungen, genialen Otto Weininger, der sich bereits im Alter von 23 Jahren auf spektakuläre Weise selbst das Leben nahm: Er erschoss sich in Beethovens Sterbehaus. Weininger formt aus einer Fülle von biologischem, psychologischem, philosophischem und kulturgeschichtlichem Wissen eine Gesamtschau des Verhältnisses von Mann und Frau, die aus heutiger Sicht – gelinde gesagt – mehr als problematisch ist. Er entwickelt eine Typologie der Geschlechter, arbeitet einen Idealtyp des Weiblichen bzw. des Männlichen heraus, der – darin der späteren Jung'schen Unterscheidung von *animus* und *anima* durchaus ähnlich – in unterschiedlicher Ausprägung in beiden Geschlechtern vorhanden ist. Den Idealtypus des Weiblichen charakterisiert Weininger als pure Sinnlichkeit, während er dem Idealtypus des Mannes Ethik, Logik, Rationalität und Willenskraft zuschreibt. Dieser sehr fragwürdige theoretische Hintergrund scheint immer wieder durch Kraus' Satiren durch, und vor allem etliche seiner Aphorismen, die sich auf die Frau bzw. das Geschlechterverhältnis beziehen, sind ungeachtet ihrer Pointierungskunst heute aus diesem Grund schlicht unverdaulich.

»Das ist eben das Verdienst Otto Weiningers, dass er das ›Bedürfnis‹, von allem ethischen Ballast befreit, in gleichem, wenn nicht höherem Maß der Frauennatur als der des Mannes zubilligt.« (F 157, 19)

Entscheidend aber ist: Kraus zieht aus diesen durchaus fragwürdigen Prämissen emanzipatorische, und eben keine reaktionären Konsequenzen! Die dem Idealtypus der Frau zugeschriebene sinnliche Natur ist für ihn kein Motiv ihrer Abwertung, sondern im Gegenteil: Anlass, kompromisslos für die sexuelle Selbstbestimmung der Frau zu streiten, die gesellschaftliche Ächtung der Prostitution zu bekämpfen und die Prostituierten leidenschaftlich in Schutz zu nehmen. Und er spottet über die Moralheuchelei:

Ob sündig oder sittenrein?
Lasst sie doch lieber gleich begraben!
Ich teile sie in Gefallene ein
Und solche, die nicht gefallen haben. (S 8, 40)

Dass Kraus – im Gegensatz zu Weininger oder auch zum eindeutig misogynen Strindberg – Frauen gegenüber die größte Hochachtung an den Tag legte, steht biografisch außer Zweifel. Von Annie Kalmar war bereits die Rede, Sidonie von Nádherný, Mechtilde Lichnowsky, Elisabeth Reitler und nicht zuletzt Helene Kann, die treue Gefährtin bis zu seinem Tod, sind unzweifelhafte Belege dafür. Die Philistermoral legt er durchaus den patriarchalischen Verhältnissen zur Last. So heißt es in dem Essay *Die Hetzjagd auf das Weib*:

Dat veniam corvis, vexat censura columbas [»Die Zensur erweist den Raben Ehre und quält die Tauben«; ein Diktum des römischen Satirikers Juvenal]. Es trifft die Sexualheuchelei der Gesellschaftsordnungen, die Männermoral der Generationen bis ans Ende der Welt. Alles verzeihen die Sittenrichter den Raben und peinigen die Tauben. Die Frau darf nur, was der Mann will, aber nur, wenn sie es selbst nicht will. Und wehe, wenn das schwächere Gefäß der Sittlichkeit unsanftester Berührung nicht standhält! Ist es zierlich, greift man gern danach, und wirft's, wenn man sich satt geschlürft, verächtlich in die Ecke. (S 1, 36)

»Die Natur des Weibes ist geknebelt und die Schweinerei des Mannes dominiert«, heißt es an anderer Stelle (S 1, 251).

Dasselbe – nämlich emanzipatorische Schlussfolgerungen aus durchaus fragwürdigen Prämissen zu ziehen – gilt für Kraus' Auffassung zur Homosexualität. Die Unterscheidung zwischen den Homosexuellen, die im Mann die Frau suchen, und denen, die in ihm den Mann suchen, zwischen angeborener und erworbener Homosexualität, ist aus heutiger Sicht selbstverständlich höchst problematisch. Doch ungeachtet dieser fragwürdigen theoretischen Annahmen begrüßt Kraus die Homosexualität, zu der er persönlich übrigens gar nicht neigte, schlicht als Bereicherung der Sphäre des Erotischen grundsätzlich, und vor allem: Er kämpft entschieden gegen die »Vogelscheuche des Paragrafen«. Er spottet:

Auf Heines plumpe Polemik gegen Homosexualität antwortet Kraus: »Er hatte wohl keine Ahnung von den Varietäten der Geschlechtsliebe, die sich am Widerspiel noch bestätigt, und spannte diese weite Welt in das grobe Schema Mann und Weib, normal und anormal.« (S 4, 203)

Nervenärzte und andere Laien schwätzen jetzt über Homosexualismus. Es hat sich im Lauf der Begebenheiten so viel Verständnis für die Sache entwickelt, dass die Einteilung in solche, die nicht anders und in solche, die auch anders können, zum Gemeinplatz geworden ist, von dem aus die Vertreter von Gesetz und Sitte, also die, die überhaupt nicht können, Mitleid und Verachtung ausgeben. (S 1, 301)

Der entscheidende Punkt für Kraus ist das Recht auf sexuelle Selbstbestimmung, das nicht beschnitten werden darf, solange es nicht in Konflikt mit höheren Rechtsgütern kommt. Auf dem Gebiet der Sexualität gab es für ihn – das schärft er immer wieder mit Nachdruck ein – nur drei solcher Rechtsgüter, die ein Eingreifen des Staates in den Bereich der »Sittlichkeit« rechtfertigen können: den Schutz der Willensfreiheit, der Unmündigkeit und der Gesundheit (so etwa S 1, 182). Die strikte Trennung von persönlicher und privater Sphäre, die Empörung gegen jede Anmaßung des Staates, über den intimsten Bereich seiner Bürger zu verfügen – das macht den eigentlichen Kampf des Karl Kraus auf diesem Gebiet aus.

Scharfsinnig weist Kraus nach, dass Strafandrohungen im Bereich des Sexuallebens das Verbrechen nicht eindämmen, sondern im Gegenteil fördern! Wer Homosexualität verbietet, leistet der Erpressung Vorschub, wer »Kuppelei« unter Strafe stellt, fördert Wuchertum, wer Prostitution der sittenpolizeilichen Kontrolle unterwirft, macht sich an der Ausbeutung mitschuldig. Schonungslos gibt er den Sittenwächter Staat der Lächerlichkeit preis:

»Die Sittenpolizei macht sich der Einmischung durch eine Amtshandlung schuldig.« (aus: *Sprüche und Widersprüche*)

Ein schlafender Rüpel regt sich, wirft einen Nachttopf um, legt sich aufs andre Ohr und schnarcht weiter. Das sind die Moralprozeduren des Staates. Die einen rütteln ihn, dass er erwache. Die andern nennen ihn einen Schweinkerl. Vergebens. Er schläft und rumort nur im Faulbett, wenn wieder die Blähungen der Sittlichkeit ihn befallen. Dann nimmt die Gerechtigkeit ihren Lauf … (S 2, 9)

Neben dem »übergriffigen« Staat, der meint, die Sittlichkeit seiner Bürger mit Strafparagrafen einhegen zu müssen und der – so stellt Kraus scharfsinnig heraus – genau damit nicht nur seine Kompetenzen überschreitet, sondern eben das zerstört, was er zu schützen vorgibt, nämlich die Sittlichkeit, ist die christliche Sexualmoral als solche Gegenstand seiner Satire. Ein Mordfall in der Chinatown von New York ist für ihn der Anlass für eine Generalabrechnung mit der abendländisch-christlichen Sexualmoral, die bis heute unübertroffen ist (S 2, 280–293). *Die chinesische Mauer* – so der Titel des Essays – schützt in diesem Text keineswegs das Land der aufgehenden Sonne, sondern vielmehr das christliche Abendland vor der Invasion der Sexualität, und ihrem Einsturz wohnt man nun mit Entsetzen und Faszination zugleich bei:

Ein Mord ist geschehen und die Menschheit möchte um Hilfe rufen. Sie kann es nicht. Sie, die Lärmvolle, immer bereit, mit dem stärksten Schrei den kleinsten Stoß zu rächen, sie […] schweigt. Aber wir hören dieses Schweigen, es gellt über Länder und Meere, und wo immer es losbrach, antwortet ihm ein Echo, so stumm wie der Ruf, der einen Mord verkündet. Der Mund der Welt steht offen und aus den Augen starrt die Ahnung, dass sich das Größte begeben hat. (S 2, 280)

Das bis in die Aufklärung benutzte und immer noch nicht abgenutzte Argument des »contra naturam«, das bestimmte sexuelle Verhaltensweisen abwehren sollte, wendet Kraus nun gegen diese Moral selbst, die nicht nur ohnmächtig ist gegen die vulkanischen Kräfte der Sexualität, sondern diese ungewollt noch steigert! Erotik, so die treffende Beobachtung von Karl Kraus, ist die Überwindung von Hindernissen. Die Verbote fördern die Lust, die sie eindämmen wollen. Man darf in solchen Einsichten durchaus Vorwegnahmen philosophischer Analysen etwa eines Michel Foucault entdecken.

»Erotik ist die Überwindung von Hindernissen. Das verlockendste und populärste Hindernis ist die Moral.« (aus: *Sprüche und Widersprüche*)

Bereits im *Fall Riehl* bemerkt Kraus ganz grundsätzlich:

Wer den Mut hat, sich einmal tüchtig die Augen zu reiben und dann nachzusehen, wie alle Unsittlichkeit in diese Welt gekommen ist, den wird die Entdeckung blenden, dass alle Sittlichkeit dieser Welt das Übel verschuldet hat. Und mehr als das. Sie hat auch Not und Tod verschuldet. Denn die Moral ist eine venerische Krankheit [= Geschlechtskrankheit]. Primär heißt sie Tugend, sekundär heißt sie Langeweile, und tertiär heißt sie Syphilis. Und weil eine unerbittlich verzeihende Religion die Tugend den Menschen als Strafe für ihre Laster gegeben hat, sind die führenden Dummköpfe der Menschheit auf die Idee gekommen, die Moral als ethisches Schutzgut zu heiligen. (S 1, 247)

Kompromisslos wendet sich Karl Kraus nicht zuletzt gegen den Missbrauch des Sexuallebens des Gegners als politische Waffe. Auch hier liegt die Aktualität klar zutage. Exemplarisch für dieses Feld der Auseinandersetzung ist hier Kraus' satirische »Erledigung« des Herausgebers der

Zukunft, Maximilian Harden. Den unmittelbaren Anlass bildete die sogenannte »Eulenburg-Affäre«. Der republikanisch eingestellte Harden benutzte Gerüchte um die Homosexualität des Fürsten Philipp zu Eulenburg und des Grafen Kuno Moltke, die im wilhelminischen Deutschland eine einflussreiche Rolle spielten, um eben dieses wilhelminische Regime anzugreifen. Die Überschreitung dieser roten Linie brachte Kraus in Harnisch. Immerhin verdanken wir diesem Vorfall eine seiner ohne Zweifel brillantesten Satiren (vgl. S. 37). Der einst glühende Verehrer Hardens hatte diesem trotz etlicher befremdlicher Vorfälle lange Zeit die Treue gehalten. Nun kommt es zum radikalen Bruch.

Die Polemik gegen Harden bezieht sich aber nicht zuletzt auf dessen gestelzten Stil, den Kraus ebenso schonungslos der Satire preisgibt wie die Schäbigkeit, mit der Harden die Philistermoral benutzte, um politische Gegner zu schädigen. Hardens geschwollene Ausdrucksweise, die sich der abenteuerlichsten, penetrant Gelehrsamkeit demonstrierenden Umschreibungen bedient, bezeichnet Kraus mit der treffenden Wortneuschöpfung »Desperanto«! Und er gönnt sich und seinen Lesern den Spaß, in der *Fackel* genau unter diesem Titel und zusätzlich in einem »Harden-Lexikon« in Tabellenform »Übersetzungen« Harden'scher Wendungen zu bieten.

> *Der Stank verfliegt schnell = Das Gerücht erweist sich als haltlos*
> *Der liebste Kömmling = Der willkommenste Besuch*
> *Sein Wollen blößen = Seinen Plan enthüllen*
> *Sich mit frevler Hand aus dem Sonnenbezirk jäten = Sich umbringen* (S 3, 100; 102; 224; 225)

Unübertroffen ist auch die Parodie auf die Totenrede des Marc Aurel im Stil Hardens (S 2, 79–82). Hier hat sich der Kulturkritiker Kraus mit dem Sprachkritiker glücklich vereint.

Die Auseinandersetzung mit dem deprimierenden Sittengemälde seiner Zeit lässt Kraus zu sprachlicher Höchstform auflaufen. Seine diesbezüglichen Satiren gehören jedenfalls zum Besten, was die deutsche Sprache in dieser Hinsicht zu bieten hat. Und: Aus den Satiren zu eben diesem Themenkreis erwächst gleichsam organisch der erste, 1909 veröffentlichte Aphorismenband, *Sprüche und Widersprüche*. Seine Essays werfen wie von selbst immer wieder Formulierungen in pointierter und konzentrierter Form ab, die für sich bestehen können. Die satirische Kommentierung etlicher provinzieller Gerichtspossen wie etwa des Falles Hervay (S 1, 95–125) oder juristischer Skandalurteile mündet in der so unübertrefflich formulierten Erkenntnis:

»Moral ist die Tendenz, das Bad mit dem Kinde auszuschütten.« (aus: *Pro domo et mundo*)

Ein Sittlichkeitsprozess ist die zielbewusste Entwicklung einer individuellen zur allgemeinen Unsittlichkeit, von deren düsterem Grunde sich die erwiesene Schuld des Angeklagten leuchtend abhebt. (S 1, 176)

oder

Die Unsittlichkeit lebt so lange in Frieden, bis es dem Neid gefällt, die Moral auf sie aufmerksam zu machen, und der Skandal beginnt immer erst dann, wenn die Polizei ihm ein Ende macht. (S 2, 32)

Der Aphorismus kann im Kraus'schen Sinne als die ästhetische Quintessenz der ins Wortspiel verwandelten Satire gelten. Wenn es hierfür Vorbilder für Kraus gibt, dann am ehesten Oscar Wilde, und zwar in Gesinnung und Form gleichermaßen. Kraus nimmt denn auch im Zusammenhang seiner Essays um die Sexualmoral ausdrücklich auf ihn Bezug (S 1, 147).

Unter dem Titel *Sittlichkeit und Kriminalität* fasst Kraus im Jahr 1908 seine wichtigsten Essays zu diesem Themenkreis zu einem Buch zusammen. Den Anstoß dazu gab der gebürtige Pole Ludwig Ritter von Janikowski, der auch maßgeblich an der Auswahl beteiligt war und dem Kraus diese seine erste Buchveröffentlichung widmete. Aus einer Zufallsbekanntschaft wurde eine tiefe Freundschaft, von der der in der *Fackel* abgedruckte Nachruf auf ihn zeugt (S 3, 147–148). Janikowski wurde bald mit Anzeichen geistiger Verwirrtheit in ein Sanatorium verbracht, wo ihn Kraus häufig besuchte und zu einem erheblichen Teil für seine Behandlungskosten aufkam, bis Janikowskis Familie ihn in eine Irrenanstalt bei Warschau verbrachte, wo er dann auch verstarb.

Zu Kraus' Kampf gegen die Philistermoral gehört unbedingt sein Engagement für Frank Wedekind. Er reagiert voller Begeisterung auf eine Aufführung von dessen *Erdgeist*, der den ersten Teil von *Lulu* bildet, im Wiener Volkstheater. Kraus erblickt darin – ganz im Sinne Weiningers – eine Verteidigung der natürlichen Polygamie der Frau und billigt Lulu mehr Existenzrecht zu als all ihren männlichen Opfern. In derselben Nummer der *Fackel* vom Juli 1903 erscheint ein Text Peter Altenbergs zum *Erdgeis*t, die Folgenummer enthält zwei Gedichte Wedekinds, und die Hommage Strindbergs für Weininger erscheint kurz darauf. Damit stellt Kraus selbst den Zusammenhang her. Lulu, Kindsweib und Femme fatale, Engel und Dämon zugleich, entspricht ganz und gar Weiningers Auffassung von den Geschlechtern. Schließlich gelingt es Kraus, am 29. Mai 1905 in Wien eine Privatvorstellung von Wedekinds *Büchse der Pandora*, also des zweiten Teils von *Lulu*, zu organisieren. Der Theaterkritiker Kraus hat nun selbst die Gelegenheit, sich als Theatermacher zu bewähren. Er überwindet die Stolpersteine der Zensur, er findet Räumlichkeiten für die Aufführung (das Trianon-Theater im Nestroyhof im zweiten Wiener Gemeindebezirk), er gewinnt hervorragende Schauspieler, er steht dem Regisseur (Albert Heine) beratend zur Seite, ja er vergisst sogar seinen alten Schwur, niemals mehr auf der Bühne aufzutreten, und übernimmt selbst eine kleine Rolle. Vor allem aber ent-

Frank Wedekind, Foto um 1910

wirft er eine große programmatische Vorrede zum Stück (S 3, 9–21). Bedeutend ist diese Rede unter anderem deshalb, weil Kraus hier sein ästhetisches Ideal neu definiert: Der einstige Verteidiger der »Kotpoeten« schwört dem Naturalismus ab, der hier über die Milieustudie nicht hinausgelangt wäre und der Lulu nur als Kind der Gosse und nicht als übernatürliches Wesen gezeichnet hätte, und skizziert jene Kunstauffassung, die später in seinen Kommentaren zu Jacques Offenbach, Nestroy und Shakespeare zum Ausdruck kommen wird:

Wie wenig Platz fände in Wedekinds Welt, in der die Menschen um der Gedanken willen leben, ein Realismus der Zustände! […] Alle Natürlichkeitsschrullen sind wie weggeblasen. Was über und unter den Menschen liegt, ist wichtiger, als welchen Dialekt sie sprechen. (S 3, 14)

Einen Beitrag zur Zerstörung der bürgerlichen Gesellschaft zu leisten – das war die erklärte Absicht dieses Unterfangens (S 4, 241–246). Die Wirkungsgeschichte dieser Aufführung war beachtlich. Unter den Zuschauern war kein Geringerer als Alban Berg, den die Aufführung zu seiner späteren Oper *Lulu* inspirierte und der zeit seines Lebens ein glühender Verehrer von Karl Kraus bleiben sollte.

Angesichts von Kraus' Kampf gegen die Philistermoral seiner Zeit muss seine unerbittliche Polemik gegen die Psychoanalyse, die doch sein Anliegen teilt und wissenschaftlich zu untermauern versucht, zunächst sehr verwundern. »Psychoanalyse ist jene Geisteskrankheit, für deren Therapie sie sich hält« (S 8, 351), lautet einer von Kraus' bekanntesten Aphorismen. Die Invektive gegenüber der neuen, bahnbrechenden Wissenschaft sollten im Lauf der Jahre noch an Schärfe zunehmen und finden einen Höhepunkt im *Lied der Psychoanalen*, ein Couplet aus *Traumstück*, einem von Kraus' kleinen Dramen (S 11, 486 ff). Ein differenzierter Blick auf dieses komplizierte Verhältnis tut not.

Zunächst ist festzuhalten, dass kein einziger direkter Angriff Kraus' gegen Sigmund Freud bekannt ist, im Gegenteil: In seinem Essay *Die Kinderfreunde* über den Prozess gegen den Arzt Theodor Beer, den man bezichtigte, in seinem Fotoatelier Kinder zum Masturbieren aufgefordert zu haben, beruft sich Kraus ausdrücklich auf den Wiener Begründer der Psychoanalyse:

Mit Professor Sigmund Freud […] habe man die Einsicht und den Mut, zu bekennen, dass der Homosexuelle weder ins Zuchthaus noch in den Narrenturm gehört. […] Mit Professor Freud muss man der Ansicht sein, dass die Tat, deren Herr Dr. Beer bezichtigt wird, nicht unter dem Gesichtspunkt der Homosexualität zu beurteilen ist und dass die Verurteilung in solchem Fall […] erfolgen müsste, wie wenn ein Mädchen unter vierzehn Jahren geschlechtlich missbraucht worden wäre.

Umgekehrt gibt es schriftliche Zeugnisse aus der Feder Sigmund Freuds, die – bei aller Differenz, etwa in Bezug auf Otto Weininger – von echter Wertschätzung zeugen und davon, dass er Kraus als Verbündeten im gleichen gesellschaftlichen Kampf sah: »Wir wenigen sollten darum auch zusammenhalten« (Fischer 2020, 502), heißt es in einem dieser Briefe. Ob Kraus jemals Freuds Schriften gelesen hat, ist ungewiss. Verbürgt ist allerdings, dass er Vorlesungen von ihm besucht hat und dass es bei einer Gelegenheit auch zu einer persönlichen Begegnung kam, die offensichtlich recht erfreulich verlaufen ist. Freud selbst war wohl ein eifriger Leser der *Fackel* und nimmt in einigen seiner Schriften auf Kraus Bezug. Was beide überdies verbindet, ist, dass auch Freud ein glänzender Stilist ist. Zur Entfremdung zwischen Kraus und der Psychoanalyse dürfte in erheblichem Maß der Arzt und Freud-Schüler sowie frühe Mitarbeiter an der *Fackel*, Fritz Wittels, beigetragen haben. In der sogenannten Mittwochs-Gesellschaft, in der sich Anhänger der Psychoanalyse regelmäßig austauschten, trug Wittels unter dem Titel *Die Fackel-Neurose* ein hanebüchenes Psychogramm vor, das das öffentliche Wirken von Karl Kraus mittels bestimmter biografischer Konstellationen und körperlicher Defizite, etwa seines Haltungsschadens, erklären wollte. Kraus bekam davon offensichtlich Kenntnis. Wittels ist übrigens auch Autor eines abstoßend-primitiven Schlüsselromans über Kraus, der Freud zur klaren Distanznahme veranlasste.

Freud überreichte Kraus eine Visitenkarte, auf deren Rückseite vermerkt war: »Ein Leser, der nicht sehr oft Ihr Anhänger sein kann, beglückwünscht Sie zu der Einsicht, zu dem Mute und zur Fähigkeit, im Kleinen das Große zu erkennen …«

Den Aussagen von Kraus lässt sich m. E. aber vor allem eines entnehmen: Seine Kritik richtet sich nicht direkt gegen die Psychoanalyse und deren wissenschaftlichen Anspruch, sondern vor allem gegen eine gewisse psychoanalytische Mode, gegen Freuds Epigonen, die mit dessen Methode einen reduktionistischen Totalerklärungsanspruch verbanden. Kraus reagiert vor allem, wenn sich recht simplifizierende Deutungen der literarischen Schätze der deutschen Sprache bemächtigten:

Die Psychoanalyse entlarvt den Dichter auf den ersten Blick, ihr macht man nichts vor und sie weiß ganz genau, was des Knaben Wunderhorn eigentlich bedeutet. (S 8, 222)

Und welcher Literaturliebhaber könnte Kraus widersprechen, wenn er sagt:

Den Weg zurück ins Kinderland möchte ich, nach reiflicher Überlegung, doch lieber mit Jean Paul als mit S. Freud machen. (S 8, 348)

Indessen beginnt *Die Fackel* weit über Wien hinaus zu leuchten. Eine interessante Perspektive eröffnet sich für Kraus durch seine Bekanntschaft mit dem Berliner Musiker, Komponisten, Schriftsteller und Verleger Herwarth Walden. Der begeisterte Leser der *Fackel* schlägt Kraus vor, ein Büro der Zeitschrift in Berlin zu eröffnen – ein ähnliches Projekt in München war zuvor gescheitert –, und tatsächlich sollte von 1909 bis Ende 1911 eine Berliner Ausgabe von Kraus' satirischer Zeitschrift erscheinen. Vor allem aber organisiert Walden über seinen *Verein für Kunst* den äußerst erfolgreichen ersten Berliner Leseabend mit Kraus. Im Kunstsalon Cassirer lauscht das Berliner Publikum gebannt den Texten aus dem ersten Aphorismenband, vor allem aber seinem Essay *Die chinesische Mauer*.

Mit Kraus' finanzieller und redaktioneller Unterstützung gründet Walden bald seine eigene Zeitschrift, *Der Sturm*, deren Name bewusst an die Epoche des »Sturm und Drang« gemahnt und ein dem Expressionismus verpflichtetes Programm andeutet. Als Walden im März 1912 darin Marinettis »Futuristisches Manifest« abdruckt, in dem der Krieg als die einzige Hygiene der Welt verherrlicht sowie der Militarismus, der Patriotismus und die Verachtung der Frau propagiert werden, kommt es zum Bruch. Kraus reagiert scharf:

Ich habe mit Berliner literaturpolitischen Bestrebungen, mit Futuristen, Neopathetikern, Neoklassizisten und sonstigen Inhabern von Titeln ebenso wenig zu schaffen wie mit Wiener Kommerzial- und Sangräten. […] Ich stehe n i c h t *auf dem Standpunkt, dass jeder Gymnasiast, dem die in unserer Zeit vorhandenen Süchte und Dränge und sonstigen ekelhaften Plurale zu einem »Niveau« verholfen haben, mehr taugt als Mörike und Eichendorff. Ich bin* n i c h t *der Meinung, dass Meinung in der Kunst genügt […]. Ich sage, dass Polemik vor jeder anderen Art von schriftlicher Äußerung durch Humor legitimiert sein muss, damit nicht die Null zum Übel werde, sondern das Übel nullifiziert sei. Polemik ist eine unbefugte Handlung, die ausnahmsweise durch Persönlichkeit zum Gebot wird. […] Ich halte Polemik, die nicht Kunst ist, für eine Angelegenheit des schlechten gesellschaftlichen Tons […] Ich halte das Manifest der Futuristen für den Protest einer rabiaten Geistesarmut, die tief unter dem Philister steht, der die Kunst mit dem Verstand beschmutzt. Ich halte das Manifest der futuristischen Frau, der ich jede perfekte Köchin vorziehe, für eine Handlung, der ein paar lustlose Rutenhiebe zu gönnen wären. Ich halte Else Lasker-Schüler für eine große Dichterin. Ich halte alles, was um sie herum neugetönt wird, für eine Frechheit.* (S 3, 76–77)

Die letzten beiden Sätze deuten immerhin an, was bleibt von der Verbindung zu Berlin: Else Lasker-Schüler, die erste Ehefrau Herwarth Waldens, konnte Kraus als Lyrikerin überzeugen. Er druckt mehrere ihrer Gedichte in der *Fackel* ab, unter anderem *Ein alter Tibetteppich.* In einer »Anmerkung des Herausgebers« kommentiert er dieses kleine Juwel moderner Lyrik folgendermaßen:

Das hier […] zitierte Gedicht gehört für mich zu den entzückendsten und ergreifendsten, die ich je gelesen habe, und wenige von Goethe abwärts gibt es, in denen so wie in diesem Tibetteppich Sinn und Klang, Wort und Bild, Sprache und Seele verwoben sind. (F 313–314, 36)

»... die stärkste und unwegsamste lyrische Erscheinung des modernen Deutschland«: Else Lasker-Schüler

Kraus wird Else Lasker-Schüler ein Leben lang verbunden bleiben. Nicht zuletzt kommt die Verehrung, die er der Dichterin entgegenbringt, darin zum Ausdruck, dass er ihr des Öfteren die Erlöse seiner Vorlesungen und seiner literarischen Tätigkeit widmet. Grundsätzlich hätte es Kraus als Widerspruch betrachtet, an seinem geistigen Werk Geld zu verdienen, und er fördert mit den daraus resultierenden Gewinnen gemeinnützige Zwecke – von der Wiener Rettungsgesellschaft bis zur Beerdigung einer verarmten Prostituierten. Die Strafzahlung einer psychoanalytischen Zeitschrift für den unbefugten Abdruck von Aphorismen bestimmte er mit folgenden Worten für Else Lasker-Schüler:

... für jene Dichterin, die, wiewohl sie weit mehr für die Menschheit leistet, mit ihren eigenen Träumen auch nicht

annähernd so viel verdient als ein Psychoanalytiker mit fremden. (S 4, 257)

Ende 1910 erfolgt eine Einladung des Vereins deutscher Studenten unter der Leitung von Willy Haas in die Rede- und Lesehalle nach Prag. Der volle Saal reagiert begeistert – ganz anders als später Franz Kafka, der im darauffolgenden Jahr Kraus »unerträglich« fand und die Veranstaltung vorzeitig verließ. Die Verbindung zu Prager Literatenkreisen sollte jedoch bald in einem unschönen Zerwürfnis enden. Da war zunächst Max Brod. Brod, der sich sein Geld als Beamter der Prager Postdirektion verdiente, war nicht nur selbst ein äußerst fruchtbarer Schriftsteller (Romancier), er förderte durchaus uneigennützig, was er in seiner Umgebung als echtes Talent empfand, vermittelte junge Autoren an Verlage und war damit eine entscheidende Größe im Literaturbetrieb. Wir haben ihm immerhin zu verdanken, dass uns das Werk seines lebenslangen Freundes Franz Kafka überliefert ist. Brod zeigte sich nun enttäuscht darüber, dass seine zahlreichen, durchaus anbiedernden Einsendungen an Karl Kraus auf dessen offensichtliches Desinteresse stießen. Kraus kommentiert dies später folgendermaßen:

Da lebt und webt in Prag ein empfindsamer Postbeamter. Er hat mir Briefe zugestellt, in denen er mich seiner höchsten Verehrung bezichtigte. […] Er hat mir auch Drucksachen zugestellt, nämlich selbstverfasste Bücher mit Huldigungen auf dem Widmungsblatt, und einen Roman, in dessen Text ich auch verehrt sein soll. Ich habe nie gelesen, aber immer gedankt. […] Es ist ja ein vertrackter Zufall, aber es ist ein Zufall, dass der Name des Herrn Max Brod bis zu diesem Augenblick nie von mir erwähnt wurde. Das hat ihn verdrossen. (S 3, 207)

Das Zerwürfnis mit Brod hatte leider weitreichende Folgen. Kraus hatte bereits Verträge mit dem jungen Leipzi-

Der Leipziger Verleger Kurt Wolff

ger Verleger Kurt Wolff abgeschlossen. Trotz seiner Jugend hatte Wolff ein sehr sicheres Gespür für literarische Qualität. Aus der Literaturszene der ersten Hälfte des 20. Jahrhunderts ist er gar nicht wegzudenken. Viele junge Autoren der Avantgarde, die später große Bedeutung erlangen sollten (nicht zuletzt Franz Kafka), verdanken ihren Erfolg dem kompetenten verlegerischen Engagement Wolffs. Mit Karl Kraus hoffte Wolff, einen wirklichen Erfolgsautor gewonnen zu haben. Nachdem aber Brod eine in seinem Verlag erscheinende Anthologie für eine scharfe Polemik gegen Kraus missbraucht hatte, kündigte dieser seine Verträge, nicht ohne Wolff zugleich seiner persönlichen Wertschätzung zu versichern.

Tragischer aber ist die Entwicklung des Verhältnisses zu Franz Werfel, anfangs ein glühender Verehrer. Kraus fördert ihn, berät ihn literarisch, druckt seine Texte in der *Fackel* ab, bis das gute Verhältnis in eine erbitterte Feindschaft umschlägt. Der Auslöser dafür ist allem Anschein nach ganz privater Natur: ein Streit zwischen Rainer Maria Rilke, Sidonie von Nádherný, der Geliebten von Karl Kraus (S. 69 f.), und Werfel, in dem auch antisemitische Beleidigungen vonseiten Sidonies (»Judenbub«) eine Rolle spielen. Kraus erfährt davon und ist wohl aufgrund seiner Beziehung zu Sidonie nicht unbefangen. Der Streit eskaliert literarisch. In der »magischen Trilogie« *Spiegelmensch* zeichnet Werfel Kraus als einen, der seinen inneren Feind nach außen projiziert. Kraus antwortet mit seiner »magischen Operette« *Literatur oder Man wird doch da sehn*, in der er Werfel als Kommerzschriftsteller charakterisiert und sich über seinen expressionistischen Stil und über den typischen jüdischen Jargon, das »Mauscheln«, lustig macht (S. 101 f.). Die Entlarvung Kraus' als »Spiegelmensch« ausgerechnet durch Werfel entbehrt nicht einer gewissen Pikanterie: Der recht eitle Werfel war in seiner Umgebung bekannt für seine Deklamationskunst, die er nicht nur ausgiebig zelebrierte und genoss, sondern auch konsequent einübte. In seinem *Weltfreund* findet sich das Bekenntnis, »… dass vor dem Spiegel ich Worte und Gesten türme« (Werfel o. J., 97). Hätte Kraus davon Kenntnis gehabt, so wäre das eine wunderbare Steilvorlage für eine Replik auf den »Spiegelmenschen« gewesen. In seinem auf Kraus gemünzten Gedicht »Der Fanatiker« scheut Werfel nicht einmal davor zurück, Kraus' Sehschwäche zur Zielscheibe seiner Attacke zu machen. Kraus pariert elegant in seinem *Glaserdiamant*: »Ich trage wohl eine Brille, weil mein Auge kurzsichtig ist, aber mein Blick ist es keineswegs.« Und er schließt: »… wiewohl das Gedicht offenbar gegen mich geht, bringe ich doch die Objektivität auf, zu erklären, dass es ein Dreck ist.« (W 4,403–404)

Franz Werfel, den Kraus einmal als »künftigen Leihbibliotheks-klassiker« apostrophierte

Die Auseinandersetzung gereicht beiden nicht zur Ehre und offenbart durchaus eine problematische Seite an Kraus: Seine Polemik ist keineswegs immer allein durch die Sache gerechtfertigt und keineswegs frei von Ressentiments. So manche Angriffe stehen in keinem rechten Verhältnis zum Anlass, Kraus verstrickt sich allzu oft in völlig unnötige persönliche Querelen, die seine inhaltlichen Anliegen zuweilen verdunkeln, und man kann sich des Eindrucks nicht erwehren, dass vieles der Überreaktion eines gekränkten Egos entspringt.

Auf Initiative von Kraus erschien posthum Janowitz' Gedichtband *Auf der Erde*.

Von den Prager Literatenkontakten bleibt einzig die Freundschaft zum jungen, talentierten Lyriker Franz Janowitz erhalten – bis zu dessen Tod auf den Schlachtfeldern des Ersten Weltkriegs. Der Nachruf von Karl Kraus zeugt von der Tiefe dieser Verbundenheit und von der Wertschätzung, die Kraus für diesen empfindsamen Dichter hegte (S 6, 10–13).

Wichtig wird für Kraus auch die Verbindung nach Innsbruck, näherhin zum Kreis um die Zeitschrift *Der Brenner* und zu dessen Herausgeber Ludwig von Ficker. Bereits mit dem Namen der qualitativ hochwertigen und durchaus erfolgreichen Zeitschrift spielt von Ficker auf *Die Fackel* an. Die zweite Nummer enthält eine überschwängliche Eloge an Kraus. Vor allem aber startet *Der Brenner* als Reaktion auf die Polemik Alfred Kerrs (S. 66) eine Rundfrage zu Karl Kraus. Die Liste derer, die zu Kraus Stellung nehmen, ist hochkarätig. Darunter finden sich Thomas Mann, Arnold Schönberg, Stefan Zweig, Adolf Loos, Else Lasker-Schüler, Hermann Broch, Albert Ehrenstein, der spätere erbitterte Gegner Franz Werfel – und leider auch der Rassenideologe (und Zisterziensermönch!) Adolf Joseph Lanz von Liebenfels, der sich später rühmen wird, der hauptsächliche Inspirator von Hitlers Antisemitismus gewesen zu sein. Auf ihn wird Kraus später in seiner Glosse *Er is doch e Jud* angemessen reagieren (S 4, 327–334). Wir verdanken dieser Rundfrage wichtige Reaktionen maßgebender Zeitzeugen auf Karl Kraus.

»Karl Kraus ist abgestiegen zur Hölle, zu richten die Lebendigen und die Toten.« (Oskar Kokoschka)

Der Kontakt nach Innsbruck führt nicht zuletzt zur Freundschaft mit dem Lyriker Georg Trakl. Unter dem Eindruck einer Vorlesung im Jahr 1911 widmet Trakl Kraus folgendes, ebenfalls in der Brenner-Rundfrage abgedrucktes Gedicht:

Karl Kraus: weißer Hohepriester der Wahrheit,
Kristallne Stimme, in der Gottes eisiger Odem wohnt,
Zürnender Magier,
Dem unter schwarzem Mantel der blaue Panzer des Krieges klirrt. (zit. nach Schick 1965, 62)

»ICH BIN NUR EINER VON DEN EPIGONEN«: IM HAUS DER SPRACHE

So erkläre ich denn, in einer Gegenwart, in der nach dem Selbststurz der Throne die Altäre ins Chaos der Unehre gesunken sind und wo Hochamt und Großmarkt in dem Einheitsbegriff jener »Messe« verschmelzen, die die Gelegenheit für Händler und Mysterienschwindler bedeutet, so erkläre ich denn mit jener Feierlichkeit, die heute nur noch einem, der aus der Kirche austritt, ziemt, dass ich einst die jüdische Glaubensgenossenschaft, in die ich durch den leidigen Zufall der Geburt geraten war, verlassen habe, um mich nach einer Zeit der bequemen und nie genug gewürdigten Konfessionslosigkeit von einem Teufel in den Schoß der alleinseligmachenden Kirche verführen zu lassen. (S 16, 226–227)

So kommentiert Kraus im Jahr 1920 rückblickend seine Konversion zum Katholizismus, die er am 8. April 1911 mit seiner Taufe in der Wiener Karlskirche vollzogen hat. Die fatale Rolle der Kirche während des Ersten Weltkriegs ist für Kraus zunächst Grund für eine entschiedene innere Abkehr von dieser Religionszugehörigkeit. Die Tatsache, dass der Salzburger Erzbischof den Dom für Hugo von Hofmannsthals und Max Reinhardts »großen Welttheaterschwindel«, die Aufführung des Mysterienspiels *Jedermann*, zur Verfügung stellt, veranlasst Kraus, den Kirchenaustritt nun auch amtlich zu vollziehen. Welcher »Teufel« ihn aber 1911 tatsächlich geritten hat – darüber gibt Kraus selbst, für den Religion eine Privatangelegenheit ist, keine Auskunft. Vieles spricht dafür, dass seine Affinität zum Katholizismus seiner »antiliberalen« Haltung entsprang und dass er die katholische Kirche – wie auch die Monarchie – als ein Bollwerk gegen eben diesen Liberalismus betrachtete. Unter dem damaligen Papst Pius X. wurden die katholischen Kleriker zu jenem »Antimodernisteneid« verpflichtet, mit dem sie den modernen Ideen, insbesondere dem Naturalismus, dem Pantheismus, dem Evolutionismus und dem Liberalismus, abschwören mussten. Allerdings: Der Liberalismus, gegen den sich Kraus wandte, war nicht der von 1848, der dem Kampf um bürgerliche Freiheitsrechte, um Versammlungs- und Pressefreiheit galt. Der Liberalismus seiner Zeit hatte in seinen Augen lediglich Industrie und Kommerz entfesselt und auch die Kulturgüter, Theater und Presse, dem bloßen Profitstreben unterworfen. In der Kirche und in der Monarchie (erstaunlicherweise auch in so problematischen Persönlichkeiten wie dem österreichischen Thronfolger Franz Ferdinand) sieht Kraus natürliche Verbündete im Kampf gegen die Durchsetzung nackter Wirtschaftsinteressen und die sie verbrämende bürgerliche Ideologie.

In den Jahren vor dem Ersten Weltkrieg gewinnt der Antimodernismus von Karl Kraus immer deutlichere Konturen. Zu seiner Kritik an einer den Imperativen der Rentabilität unterworfenen Kultur gesellt sich eine sehr grundsätzliche Fortschrittskritik, die sich in geradezu programmatischen Texten niederschlägt und deren äußere Anlässe etwa die Erschließung des Nordpols durch Frederick Cook, das Erdbeben von Messina und natürlich der Untergang der *Titanic* sind. Mit der Kritik an einer Technik, die jedes menschliche Maß sprengt und uns systematisch überfordert, und am Eindringen in die letzten unberührten Räume der Natur stellt sich Kraus – wie in anderer Tonlage sein Zeitgenosse Walter Benjamin – dem naiven Fortschrittsoptimismus und der Apokalypse-Blindheit seiner Zeit entgegen:

Der Fortschritt, der den Kopf unten und die Beine oben hat, strampelt im Äther und versichert allen kriechenden Geistern, dass er die Natur beherrsche. Er belästigt sie und sagt, er habe sie erobert. Er hat Moral und Maschine erfunden, um der Natur und dem Menschen die Natur auszu-

treiben, und fühlt sich geborgen in einem Bau der Welt, den Hysterie und Komfort zusammenhalten. Der Fortschritt feiert Pyrrhussiege über die Natur. Der Fortschritt macht Portemonnais aus Menschenhaut. (S 2, 272)

Ein Musterbeispiel für die von Kraus meisterhaft beherrschte Technik des entlarvenden Zitierens, deren er sich dann vor allem während des Krieges bedient, ist seine Reaktion auf den Untergang der *Titanic*. Sein Beitrag *Glossen. Großer Sieg der Technik* (F 347–348, 1–6) ist eine gekonnte Montage von Zeitungsausschnitten, die belegen, dass die Katastrophe den Glauben an die technische Beherrschbarkeit nicht nur nicht erschüttert hat, sondern sogar als dessen Bestätigung aufgefasst wird! Immerhin hat sich ja die technische Errungenschaft der Telegrafie in der Katastrophe bewährt. »Noch mehr Technik« soll die Antwort auf deren Scheitern sein. Kraus jedoch zieht das Fazit:

Aller Vorwand, den ihnen eine freche Naturerkenntnis zimmert, ist geborsten. Man wird ihnen ihre Schiffe nicht mehr glauben. Die Vorsehung antwortet drahtlos, aber anders. Sie haben Gott an die Maschine verraten. Er kam wie der Gott aus der Maschine, um eine glückliche Sache zum verwickelten Ausgang zu führen. (F 347–348, 6)

Walter Benjamin, der andere große Fortschrittsskeptiker jener Zeit, ist sensibilisiert vom jüdischen apokalyptischen Denken, das ihn zur Korrektur seines historischen Materialismus veranlasst, weil er sich nicht abfinden kann mit dem anscheinend unwiederbringlich Verlorenen, mit den Leichenbergen, die der Fortschritt hinterlässt und rechtfertigt. Auch Kraus bedient sich zunehmend Motiven aus der biblischen Apokalyptik, doch sein Standpunkt, der ihm die nötige Distanz zum Zeitgeist gewinnen lässt, scheint ein anderer zu sein: ein nicht leicht zu ergründendes Ursprungsdenken, ein Bewusstsein von der Verwurzelung des Menschen in einem – metaphysisch-religiösen – Grund, das ihn nicht aufgehen lässt in den herrschenden Plausibilitäten. Jens Malte Fischer ist in seiner Kraus-Biografie diesem Ursprungsdenken in einem ausführlichen eigenen Kapitel sehr sorgfältig nachgegangen (Fischer 2020, 356–367). Kraus selber hat es am prägnantesten in lyrischer Form artikuliert:

Zwei Läufer laufen zeitenlang,
der eine dreist, der andre bang:
Der vom Nirgendher sein Ziel erwirbt;
der vom Ursprung kommt und am Wege stirbt.
Der von Nirgendher das Ziel erwarb,
macht Platz dem, der am Wege starb.
Und dieser, den es ewig bangt,
ist stets am Ursprung angelangt. (S 9, 12)

Und in der Schlussstrophe des Gedichts *Der sterbende Mensch* legt Kraus Gott die Worte in den Mund:

Im Dunkel gehend, wusstest du ums Licht.
Nun bist du da und siehst mir ins Gesicht.
Sahst hinter dich und suchtest meinen Garten.
Du bliebst am Ursprung. Ursprung ist das Ziel.
Du, unverloren an das Lebensspiel,
Nun musst, mein Mensch, du länger nicht mehr warten. (S 9, 68)

Taufpate – und möglicherweise auch derjenige, der Kraus zur Konversion drängte – war kein Geringerer als der Architekt Adolf Loos. Er war zu Beginn des 20. Jahrhunderts der große Antipode des Jugendstils und Vertreter einer durchaus funktionalistischen Auffassung, die sauber zu trennen wusste zwischen Kunstwerk und Gebrauchsgegenstand. Während der Jugendstil das Design erfand, den Alltag künstlerisch durchdringen wollte, banale Gegenstände wie Geschirr und Möbel als Kunstwerke gestaltete, begann für Loos die Sphäre der Kunst erst jenseits des Alltags, der schlicht den Anforderungen der Bequemlichkeit genügen und auf Ornamente verzichten sollte. In dieser Kunstauffassung stimmten die beiden Freunde Loos und Kraus vollkommen überein. Was Loos für die Architektur postulierte und umsetzte, das wollte Kraus für die sprachlichen Ausdrucksformen geltend machen. Tatsachenbericht und Information sind nicht, wie im Feuilleton, mit sprachlichen Ornamenten und Impressionen tendenziös auszuschmücken. Kraus hat diesem Gleichklang in der Kunstauffassung einen schönen Aphorismus gewidmet (S. 141), und Walter Benjamin bringt ihn folgendermaßen auf den Punkt:

Das erste Anliegen von Loos war es [...], Kunstwerk und Gebrauchsgegenstand zu trennen, und so ist es das erste Anliegen von Kraus gewesen, Information und Kunstwerk auseinanderzuhalten. Der Schmock ist im Herzen eins mit dem Ornamentiker. Als Ornamentiker, als Verschleierer der Grenzen zwischen Journalismus und Dichtung, als Schöpfer des Feuilletons in Poesie und Prosa ist Kraus nicht müde geworden, Heine zu denunzieren ... (Benjamin 1977, 336)

Wenn auch das Verb »denunzieren« m. E. in diesem Zusammenhang völlig fehl am Platz ist, so macht Benjamin damit doch auf einen der beiden Schlüsselessays für das Sprach- und Literaturverständnis von Karl Kraus aufmerksam: *Heine und die Folgen* (S 4, 185–210). Dieser Aufsatz erschien 1910 zunächst als eigenständige Broschüre, ein Jahr später dann in der *Fackel*. An Heine schieden sich die Geister. Doch während die herkömmliche Heine-Kritik eher auf die politische Tendenz des Autors bzw. auf dessen jüdische Herkunft abzielte, war Kraus' Stellungnahme von ganz anderer Art. Ihm ging es um den Umgang mit der Sprache, um die fehlende gegenseitige Durchdringung von Inhalt und Form, um das Abgleiten in oberflächliche Witzelei anstelle des echten Wit-

Adolf Loos, Architekt, Taufpate und lebenslanger Freund von Karl Kraus

zes, der Kraus zufolge immer einer ethischen Deckung bedarf. Und der Titel des Aufsatzes deutet es bereits an: Kraus ging es in seiner Kritik an Heine viel mehr um die Folgen als um Heine selbst, um den Verfall der sprachlichen Form in Gestalt eines effekthaschenden Feuilletonismus und Journalismus, als dessen Ursprung er Heine betrachtet. Er habe, so Kraus, »der deutschen Sprache so sehr das Mieder gelockert, dass heute alle Kommis an ihren Brüsten fingern können« (S 4, 190). Kraus versäumt es übrigens auch nicht, deutlich auf das hinzuweisen, was er an Heine – vor allem an dessen später Dichtung im Gegensatz zum *Buch der Lieder* – als echt empfindet.

Die direkte Kontrastfolie zu Heine bildet Johann Nestroy (1801–1862). Man sollte den Essay über Heine und den über Nestroy (*Nestroy und die Nachwelt*; S 4, 220–240) stets zusammen lesen, denn gerade in ihrer wechselseitigen Ergänzung erschließen sie Kraus' Anspruch an sprachliches Gestalten. Nestroy ist der bedeutendste Vertreter des Wiener Volkstheaters im Vormärz. Für die Bühnen, an denen er zugleich auch als Schauspieler tätig war (Theater an der Wien bzw. Leopoldstädter Theater), schrieb er Boulevard-Stücke quasi am Fließband. Wie verfehlt es jedoch ist, Nestroy als lokalen Dialektdichter abzutun, zeigt unter anderem seine Rezeption in anderen Sprachgebieten. So ist etwa auch Thornton Wilders *The Matchmaker* deutlich von Nestroys Stück *Einen Jux will er sich machen* inspiriert. Seine – durchaus sozialkritischen – Possen geraten im Gegensatz zu anderen vergleichbaren Dichtungen seiner Zeit bei ihm zur Weltliteratur, und zwar vor allem aufgrund seines wahrhaft virtuosen Umgangs mit der Sprache, die ihren eigenen Witz unter Nestroys Feder gleichsam von selbst hervorbrachte. Die Sprache lacht sich zuweilen bei ihm selber aus:

Nestroy ist der erste deutsche Satiriker, in dem sich die Sprache Gedanken macht über die Dinge. Er erlöst die Sprache vom Starrkrampf, und sie wirft ihm für jede Redensart einen Gedanken ab. (S 4, 230)

An Nestroy macht Kraus auch exemplarisch deutlich, dass sich jeder gute Witz, jede gelungene Pointe einem ethischen Hintergrund verdankt, von dem sie zehrt. Das genau umgekehrte Verhältnis zur Sprache als das von Heine lässt sich an Nestroy also ablesen. Bedeutsam ist der Nestroy-Aufsatz nicht zuletzt, weil Kraus hier an seinem Fall darstellt, was echte Satire bedeutet, was sie auszeichnet gegenüber jeder seichten Ironie.

Man darf mit Fug und Recht behaupten, dass Johann Nestroy wahrscheinlich dem Vergessen anheimgefallen wäre, als einer der vielen volkstümlichen Possenschreiber abgetan worden wäre, hätte Karl Kraus nicht die Besonderheit an ihm erkannt und publikumswirksam geltend gemacht. Angesichts des 1912 bevorstehenden Gedenkens an den 50. Todestag Nestroys hat Kraus so beharrlich davor gewarnt, dessen Andenken durch eine öffentliche Ehrung zu beschmutzen, dass er – und darin bestand natürlich seine Absicht – erst recht auf diesen genialen Künstler des Wortes aufmerksam gemacht hat. Kraus selber ehrt ihn durch die Veranstaltung einer Nestroy-Feier, in deren Mittelpunkt sein großer Essay steht. Am 2. Mai 1912 füllen 1500 Menschen den Großen Musikvereinssaal, 500 weiteren war es nicht mehr gelungen, eine Eintrittskarte zu bekommen. Mit etwas abgeändertem Programm kommt es am 23. Mai zu einer Wiederholung. Der große Essay zu Nestroy war inzwischen (am 13. Mai) in der *Fackel* erschienen.

Einen besonderen Stellenwert hatte für Kraus Nestroys *Das Notwendige und das Überflüssige*, das er in einer eigenen Bearbeitung publizierte und aus dem er am häufigsten las.

Nestroy bleibt bis zum Schluss fester Bestandteil von Kraus' Leseabenden. Nestroys Stücke enthalten in der Regel auch Couplets, also Gesangseinlagen, und von den Schauspielern erwartete das Publikum die eigenständige Ergänzung durch sogenannte »Zeitstrophen«, also durch die textlich-gesangliche Gestaltung tagesaktueller Bezüge im Anschluss an die Originalstrophen. Von dieser Möglichkeit machte natürlich auch Karl Kraus bei seinen Leseabenden Gebrauch. Als sich die literarische Szene Österreichs nach dem Zweiten Weltkrieg bewusst wieder ihrer eigenen Tradition zuwandte, entdeckte sie Nestroy neu als eine ihrer Quellen – nicht zuletzt dank Karl Kraus. In jüngerer Zeit hat Jonathan Franzen die beiden einander ergänzenden Essays über Heine und Nestroy durch großartige Übersetzungen dem englischsprachigen Lesepublikum erschlossen.

Im Jahr 1911 nimmt auch Kraus' Polemik gegen den Theaterkritiker Alfred Kerr breiten Raum ein (S 3, 186–218), die sich in einer fast lebenslangen Gegnerschaft der beiden fortsetzen sollte. Wenn Kerr auch den meisten Menschen nicht mehr geläufig sein dürfte, so ist es immerhin seine Tochter, Judith Kerr, die erfolgreiche Kinderbuchautorin (*Als Hitler das rosa Kaninchen stahl*). Alfred Kerr war unter anderem der Herausgeber einer angesehenen literarischen Zeitschrift, des *Pan*. Eine Affäre des Berliner Polizeipräsidenten von Jagow mit der Schauspielerin Tilla Durieux, ihres Zeichens Gattin des Verlegers der Zeitschrift, Paul Cassirer, war zunächst von allen Betroffenen aus der Welt geschafft worden. Dann aber trat Kerr in seiner Zeitschrift nach und machte aus einer rein privaten, längst beigelegten Angelegenheit ein Politikum. Darauf bezieht sich die Polemik von Karl Kraus. Wie bereits im Fall Maximilian Harden reagiert Kraus auch hier scharf auf die Instrumentalisierung rein privater, das Sexualleben betreffender Dinge zur Austragung öffentlicher Dispute. Die Polemik, die sich zwischen den beiden daraufhin entspann, ist im Übrigen sehr bezeichnend für die Wirkung Kraus'scher Satire, die den Gegner dazu provozierte, sich selbst schonungslos zu entlarven! Kerr lässt sich unter anderem zu einem gehässigen, in Form wie Inhalt recht primitiven Gedicht hinreißen:

Krätzerich, in Blättern lebend,
Nistend, mistend, »ausschlag«-gebend.
Armer Möchtegern! Er schreit:
»Bin ich ä Perseenlichkeit …!«
Wie der Sabber stinkt und stiebt,
Wie sich's Kruppzeug Mühe gibt!
Reißen Damen aus und Herrn,
Glotzt der arme Möchtegern.
Vor dem Duft reißt mancher aus,
Tachtel-Kraus, Tachtel-Kraus,
Armes Kruppzeug – glotzt und schreit:
»Bin ich ä Perseenlichkeit …!«

Kraus kommentiert lapidar: »Es ist das Stärkste, was ich bisher gegen den Kerr unternommen habe.« (S 3, 214)

Nach dem Ersten Weltkrieg tat sich Kerr als Pazifist und Streiter im Dienst der Völkerversöhnung hervor – nachdem er allerdings im Krieg selbst peinlich primitive Kriegslyrik verfasst hatte! Man lese nur sein »Rumänenlied«, das Kraus in der *Kriegsfackel* schonungslos seinem satirischen Spott aussetzte (W 4, 210–211)! Der zum Pazifisten mutierte Kerr war natürlich höchst verärgert über seine Entlarvung. Nun aber unterlief Kraus ein Fehler: Die Kriegsgedichte Kerrs waren unter dem Pseudonym »Gottlieb« erschienen. Dieses war allerdings ein Sammelpseudonym, hinter dem sich nicht nur (»mit Recht«, wie Kraus so unübertrefflich formuliert) Kerr verbarg, sondern durchaus auch andere Kriegsliteraten. Kraus schrieb nun eines dieser Gottlieb-Gedichte fälschlicherweise Kerr zu, was eine langwierige Auseinandersetzung vor Gericht zur Folge hatte. Kraus stimmte in einer recht verworrenen Lage der Dinge einem Vergleich zu – was ihm die Möglichkeit eröffnete, die Schriftsätze, die Kerr dem Gericht vorgelegt hatte, zu veröffentlichen und ihn damit außergerichtlich satirisch zu erledigen! Kerr kündigte im Börsenblatt des deutschen Buchhandels eine Replik auf diese Polemik in Form einer Broschüre an, die allerdings nie erschien. Und nun offenbart sich eine Seite an Kraus, die leider allzu wenig bekannt ist und ihn m. E. doch recht sympathisch macht. Hans Weigel gibt in seiner Biografie die Erinnerungen Heinrich Fischers, des ersten Kraus-Herausgebers, wieder: »Karl Kraus war damals [1928] in Berlin. Und er machte sich den Spaß, Alfred Kerr täglich anzurufen und mit verstellter Stimme nach dieser Broschüre zu fragen. […] [J]eden Mittag … stand Kraus … auf … flüsterte fröhlich; ›Auf Ehrenwort, nicht verraten!‹ … und dann ging er mit mir zur Telefonzelle, um Alfred Kerr anzurufen. Einmal im Tonfall eines Rechtsanwalts vom Kurfürstendamm … Am nächsten Tag … als sächsischer Buchhandlungsgehilfe …« (Weigel 1968, 268–269) Es wurde bereits erwähnt, dass Karl Kraus schon in seiner Schulzeit ein begnadeter Stimmenimitator war und mit Vergnügen seine Lehrer bloßstellte. Bei der Lektüre vieler seiner Satiren ist diese Eulenspiegel-Natur, die sich hier offenbart, denn auch deutlich zu erkennen.

Bereits in früheren Jahren hatte ein anderer Schelmenstreich nachhaltige Wirkung erzielt, den Sprachgebrauch bereichert und der »Zeitungsente« einen »Grubenhund« beigesellt. Kraus war es gelungen, die Unseriosität der Presse, in diesem Fall konkret der *Neuen Freien Presse*, dadurch zu entlarven, dass er unter dem Pseudonym »Zivilingenieur Barlach« in einem Leserbrief Eindrücke eines Erdbebens schilderte. Die in pseudowissenschaftlicher Sprache abgefasste Einsendung enthielt nichts als puren Unsinn, etwa die Unterscheidung zwischen »tellurischen« und »kosmischen« Beben und dergleichen mehr (vgl. S 2, 132–133). Der Leserbrief wurde abgedruckt, und die Zeitung war blamiert. Zur großen Freude von Kraus fand dieser gelungene Streich Nachahmer. Wiederum anlässlich eines Erdbebens schilderte ein Bergbauingenieur Dr.-Ing. von Winkler in einem Leserbrief, wie schon geraume Zeit vor Einsetzen des Bebens sein »Grubenhund« bellte. Seither ist »Grubenhund« ein feststehender Begriff für derlei Entlarvungsaktionen. Kraus begründete damit durchaus eine Tradition, wie später die berühmten »practical jokes« eines Helmut Qualtinger belegen. In Wissenschaftssprache gekleidete Absurditäten nennt man in Österreich »Gallimatthias« – eine treffende Bezeichnung für so manche aktuelle Verschwörungstheorien, angesichts derer man sich so humorvolle Entlarvungen wünscht, wie sie Kraus und seinen Nachahmern gelungen sind.

Im Jahr 1913 findet jene schicksalhafte Begegnung statt, die wie keine andere das Privatleben von Karl Kraus bis zum Schluss bestimmen sollte: Am 8. September wird ihm im Café Imperial die Baronin Sidonie Nádherný von Borutin vorgestellt. Die literarisch äußerst gebildete, sportliche, musikalische, polyglotte und offenbar auch attraktive junge Frau entstammt einem Adelshaus, deren Mitglieder die alteingesessene böhmische Aristokratie wohl naserümpfend als Emporkömmlinge empfunden hat. Sidonies Vater war schlicht Eisenhändler, und die Erhebung in den Adelsstand war erst in den 1830er-Jahren erfolgt. Gleich die erste Begegnung mit »Sidi« mündet in eine leidenschaftliche Liebe, die sich bis zum Tod von Karl Kraus in einem dramatischen Wechselspiel von Trennungen und Wiederversöhnungen, Entfremdungen und tiefer freundschaftlicher Verbundenheit fortsetzen sollte. Die junge Baronin ist in mancher Hinsicht eine problematische Persönlichkeit. Kurz vor der Begegnung mit Kraus hatte ihr älterer Bruder Johannes, der schon länger an einer Geschlechtskrankheit litt, Selbstmord begangen. Sidonie hatte zu diesem Bruder eine Bindung, die das normale Maß geschwisterlicher Zuneigung deutlich überstieg – wenn es auch für einen Inzest im engeren Sinn keine Anhaltspunkte gibt. Jedenfalls – so kann man es ihren Tagebüchern entnehmen – nimmt der tote Bruder in Sidonies Gefühlswelt einen so breiten Raum ein, dass jede ernsthaftere Beziehung in dessen Schatten stehen musste. Sidonie war – darauf drängte nicht zuletzt ihr Zwillingsbruder Karl (»Charley«), der nach dem Tod der Eltern und des älteren Bruders die Rolle des Hausvorstandes einnahm – für eine konventionelle standesgemäße Ehe bestimmt, gleichzeitig aber lebens- und liebeshungrig für etliche Affären aufgeschlossen. Immerhin bewies Kraus in diesem Punkt Konsequenz: Seine grundsätzliche Auffassung von der »natürlichen Promiskuität« der Frau lässt den Verliebten und sicherlich auch Eifersüchtigen diese Seite Sidonies durchaus akzeptieren. Problematischer hingegen sind für Kraus die Eheanbahnungen. Seit 1909 bereits ist Sidonie mit dem deutlich älteren Florentiner Grafen Carlo Guiccardini verlobt, der – was der Baronin offensichtlich nicht bewusst ist – vor allem finanzielle Interessen an dieser Verbindung hatte. Mit allen Mitteln versuchte Kraus diesen endgültigen Schritt zu verhindern, trat sogar die Reise nach Italien an, doch letztlich waren es die weltgeschichtlichen Ereignisse, die die Hochzeit platzen ließen. Die Hochzeitsgesellschaft war bereits in Venedig versammelt, als sie die Nachricht vom Kriegseintritt Italiens ereilte. Die aus dem Habsburgerreich stammenden Gäste fürchteten die Arretierung und reisten überstürzt ab. Auch ein zweiter Versuch, eine konventionelle Bindung einzugehen, endete tragisch: Die Ehe mit Max von Thun, einem Vetter Sidonies, hielt nur acht Monate. Der psychisch kranke Gatte musste in eine Anstalt eingewiesen werden.

Eine offizielle Verbindung mit Kraus, die Sidonie anscheinend durchaus erwogen hat, scheiterte unter anderem an ihrem Bruder Karl, der sie standesgemäß versorgt wissen wollte. Was jedoch Karl Kraus nie erfahren sollte, wovon die Nachwelt aber aufgrund der Korrespondenz Kenntnis hat: Seine Liaison mit Sidi wurde von Rainer Marie Rilke hintertrieben! Sidonie hatte den Dichter in Paris kennengelernt, und er nahm als intimer Seelenfreund seither eine wichtige Rolle in ihrem Leben ein. Der offensichtlich eifersüchtige, ansonsten so feinfühlige Dichter griff zu plumpen Mitteln der Intrige. Bekannt und viel besprochen wurde vor allem ein Brief von Februar 1914, den viele, obwohl das Wort »Jude« darin nicht ausdrücklich fällt, als antisemitisches Manöver interpretieren. Rilke betont, dass Kraus ihr »von Natur aus« fremd bleiben *muss* (das Verb ist zweimal unterstrichen). Sollte dies tatsächlich eine antisemitische Gehässigkeit Rilkes gewesen sein, so fiel sie bei der dafür durchaus empfänglichen Sidonie auf fruchtbaren Boden.
Über die Beziehung Kraus' zu Sidonie sind wir aus erster Hand informiert. Seine mehr als tausend Briefe an sie wurden in editorisch vorbildlicher Weise der Öffentlichkeit zugänglich gemacht. Sie sind auch – wie wir noch sehen werden – über diese Privatangelegenheit hinaus eine wichtige Quelle zum Verständnis des Werkes, und vielleicht rechtfertigt nur diese Tatsache die Veröffentlichung dieser intimen Zeugnisse – wenn auch deren Publikation von Kraus selbst gewollt war. So mancher aber wie etwa Marcel Reich-Ranicki, dessen literarischer Auffassungsgabe sich Kraus' Werk, sofern

Sidonie Nádherný von Borutin, genannt »Sidi«

er es überhaupt zur Kenntnis nahm, offensichtlich weitgehend verschließt, missbrauchte diese Briefe für ein laienhaftes Psychogramm in der Absicht, eine entstellende Karikatur des Schriftstellers zu zeichnen (Reich-Ranicki 2014).
Die Liebe zu Sidonie veränderte Kraus' Leben von Grund auf. Um der ausgeprägten Reiselust Sidis entgegenzukommen, schafft sich der allen technischen Entwicklungen mit grundsätzlichem Misstrauen Begegnende ein Auto an! Vor allem aber wird Schloss Janowitz mit seinem prächtigen Park und seinen Tieren abgesehen von der Nähe zu Sidi ein Zufluchtsort für ihn. Wichtige Teile seines Weltkriegsdramas *Die letzten Tage der Menschheit* entstehen während seiner Aufenthalte auf Schloss Janowitz.

Schloss Janowitz mit seinem Park: Hier wollte Kraus auch begraben werden

Und es ist kein Zufall, dass Kraus just ab dem Jahr 1913 beginnt, Gedichte zu schreiben! Den Lyriker Karl Kraus verdanken wir wohl nicht zuletzt seiner Liebe zu Sidonie und seinem Refugium Schloss Janowitz, das in ihm das Naturerleben der Kindertage wieder wachruft und eine »Gegenwelt« entstehen lässt, aus der sein Werk Inspiration schöpft. Kraus wird seine Gedichte in den insgesamt neun Bände umfassenden *Worte in Versen* veröffentlichen. Seine Vorbilder, was die äußere Form betrifft, sind dabei durchaus »klassisch«. Es ist vor allem der späte Goethe, aber auch der in Österreich damals kaum bekannte Matthias Claudius. Dass auch etliche von Kraus' Gedichten zu den schönsten der deutschen Sprache gehören, darf mit Fug und Recht behauptet werden (vgl. etwa S. 148 f. am Schluss dieses Bandes). Auch für seine Lyrik lässt sich jenes »erotische Verhältnis« zur Sprache ausmachen, das von dieser vor allem empfängt. Kraus' Lyrik ist das genaue Gegenteil von kunstfertigem »Verse schmieden«. In seinem genialen »poetologischen Gedicht«, einem Gedicht also, das die Dichtkunst selbst zum Gegenstand hat, drückt er eben dieses Lyrikverständnis selbst in Reimform aus:

Der Reim ist nur der Sprache Gunst,
nicht nebenher noch eine Kunst.
[…]
Er ist das Ufer, wo sie landen,
sind zwei Gedanken einverstanden … (S 9, 94)

Die Jahre vor dem Ersten Weltkrieg sind noch in anderer Hinsicht bemerkenswert: Kraus, der »Unpolitische«, der »Reaktionäre«, der in der Monarchie ein Korrektiv zum Wirtschaftsliberalismus sieht, der gern aristokratischen Umgang pflegt, entwickelt ein geschärftes Bewusstsein außenpolitischen Vorgängen gegenüber – ein Vorgeschmack auf seine spätere radikale Kriegsgegnerschaft. Im Jahr 1908 bereits erkennt er klar, dass die Annexion Bosnien-Herzegowinas durch das Habsburgerreich, die dem von militärischen Erfolgen keineswegs verwöhnten Kaiser Franz Joseph den Titel »Mehrer des Reiches« eintrug, ein verhängnisvoller, konsequenzenreicher Fehler war. Geradezu prophetisch mutet der entsprechende Abschnitt in seinem programmatischen »offenen Brief an das Publikum«, *Apokalypse*, an:

»Die Sprache tastet wie die Liebe im Dunkel der Welt einem verlorenen Urbild nach. Man macht nicht, man ahnt ein Gedicht.« (F 381–383, 69)

Ich habe gehört, dass Österreich Bosnien annektiert hat. Warum auch nicht? Man will alles beisammen haben, wenn alles aufhören soll. […] Doch es ist eine weitblickende Politik, den Balkan durcheinanderzubringen. Dort sind die Reserven zur Herstellung des allgemeinen Chaos. (S 4, 11)

Kraus nimmt engagiert Stellung zum »Prozess Friedjung« (S 4, 21–37). Ein auf falschen Dokumenten beruhender Artikel in der *Neuen Freien Presse*, den der Journalist zurückziehen musste, hatte eine durchaus gefährliche außenpolitische Situation im Hinblick auf das Pulverfass Balkan heraufbeschworen. Angesichts der zunehmenden Destabilisierung der Region, die in die beiden Kriege 1912 und 1913 mündete, verschärft sich Kraus' Kritik an der Presse, die er als die eigentlich bestimmende Macht

»... dass ich kein anderes Vaterland habe als meinen Schreibtisch«, wird Kraus einmal durchaus antipatriotisch bekennen.

Die Wohnung von Karl Kraus unmittelbar nach seinem Tod 1936, Auf dem Buchregal stehen ganz oben die *Fackel*-Quartalsbände sowie einige einzelne Werke von ihm u.a. *Worte in Versen* und *Die letzten Tage der Menschheit*.

ansieht und die er für die Manipulation des Denkens verantwortlich macht. Die Zeitung informiert nicht, wie es ihre Pflicht wäre, sie erzeugt vielmehr eine fiktive Realität, erzeugt Bilder einer Welt, die die Realität verdunkeln, und lähmt Vorstellungskraft und kritisches Urteilsvermögen ihrer Leser und Leserinnen. Bereits im Dezember 1912 bezeichnet er die Journalisten als »verantwortungslose Subjekte, die heute eine Premiere und morgen einen Krieg lancieren« (S 4, 417).

Und über den deutschen Kaiser Wilhelm II., der, wie er nach dem Krieg sagen wird, eben jenes Blutbad gerüstet hat, in welchem Franz Joseph plantschte, sind in *Apokalypse* folgende spationiert gedruckte Sätze zu lesen:

Bereits 1909 wollte Österreich einen Krieg gegen Serbien provozieren. Der Außenminister instrumentalisierte Friedjung und übergab ihm die gefälschten Dokumente.

Durch Deutschland zieht ein apokalyptischer Reiter, der für viere ausgibt. Er ist Volldampf voraus in allen Gassen. Sein Schnurrbart reicht vom Aufgang bis zum Niedergang und vom Süden gen Norden. »Und dem Reiter ward Macht gegeben, den Frieden von der Erde zu nehmen, und dass sie einander erwürgten.« (S 4, 12)

Die bevorstehende Katastrophe zeichnet sich im Bewusstsein dessen ab, der sie in seinem großen Weltkriegsdrama wie kein anderer literarisch bewältigt hat.

»WER ETWAS ZU SAGEN HAT, TRETE VOR UND SCHWEIGE!« ZEITENWENDE

In dieser großen Zeit, die ich noch gekannt habe, wie sie so klein war; die wieder klein werden wird, wenn ihr dazu noch Zeit bleibt; und die wir, weil im Bereich organischen Wachstums derlei Verwandlung nicht möglich ist, lieber als eine dicke Zeit und wahrlich auch schwere Zeit ansprechen wollen; in dieser Zeit, in der eben das geschieht, was man sich nicht v o r s t e l l e n konnte, und in der g e s c h e h e n muss, was man sich nicht mehr vorstellen kann, und könnte man es, es geschähe nicht –; in dieser ernsten Zeit, die sich zu Tode gelacht hat vor der Möglichkeit, dass sie ernst werden könnte; von ihrer Tragik überrascht, nach Zerstreuung langt, und sich selbst auf frischer Tat ertappend, nach Worten sucht; in dieser lauten Zeit, die da dröhnt von der schauerlichen Symphonie der Taten, die Berichte hervorbringen, und der Berichte, welche Taten verschulden: in dieser da mögen Sie von mir kein eigenes Wort erwarten. Keines außer diesem, das eben noch Schweigen vor Missdeutung bewahrt. […] In den Reichen der Fantasiearmut, wo der Mensch an seelischer Hungersnot stirbt, ohne den seelischen Hunger zu spüren, wo Federn in Blut tauchen und Schwerter in Tinte, muss das, was nicht gedacht wird, getan werden, aber ist das, was nur gedacht wird, unaussprechlich. Erwarten Sie von mir kein eigenes Wort. […] Die jetzt nichts zu sagen haben, weil die Tat das Wort hat, sprechen weiter. Wer etwas zu sagen hat, trete vor und schweige! (S 5, 9)

Als am 1. August 1914 der Krieg ausbrach, verstummte der Wortgewaltige. Nach dem Attentat auf den österreichischen Thronfolger war noch ein Heft der *Fackel* erschienen, das einen bemerkenswerten Nachruf auf Franz Ferdinand enthielt. Dann stellte die *Fackel* ihr Erscheinen ein. Inmitten der lautstarken Kriegsbegeisterung – kein Wort von Karl Kraus. Erst am 19. November 1914 tritt er wieder auf. Kraus liest Klassiker, er liest aus der Bibel, aus den Prophetenbüchern und der Apokalypse des Johannes, er trägt sein wunderbares Gedicht vom »sterbenden Menschen« vor – vor allem aber eröffnet er den Abend mit jener großen programmatischen Anrede, aus der hier eingangs zitiert wurde, deren Überschrift die Losung jener Tage aufgreift: *In dieser großen Zeit*. In diesem einzigartigen literarischen Dokument, das später die in zwei Bänden unter dem Titel *Weltgericht* publizierte Sammlung der Aufsätze während des Krieges eröffnen sollte, will Kraus nichts als sein Schweigen begründen.

Kraus war zutiefst erschrocken angesichts der Ereignisse. Er, der in den Jahren zuvor durchaus militärische Tugenden wie Ehre und Tapferkeit gelobt hatte, erkennt bald, dass das, was sich hier zuträgt, nichts mehr zu tun hat mit der konventionellen Vorstellung von Krieg. Es ist der erste Krieg unter dem Vorzeichen der Industrialisierung. Die Entfesselung der Maschine, die der Mensch nicht beherrscht, von der er vielmehr beherrscht wird, zeigt sich in ihrer blutigsten Konsequenz.

Der Ausbruch des Krieges stellt einerseits eine tiefe Zäsur dar, andererseits erkennt Kraus darin das Ergebnis jener verhängnisvollen Kräfte, die schon zuvor Gegenstand seiner Satire waren: der Selbstauslieferung des Menschen an einen »Fortschritt«, der Menschsein und Natur gleichermaßen zugrunde richtet, und einer Presse, die den Menschen das Hirn vernebelt, die Fantasie austreibt und jenen Wirtschaftsinteressen hörig ist, die diesen Krieg herbeigeführt haben. »Karl Kraus ist wohl der einzige nichtsozialistische, nichtmarxistische Pazifist, der bereits zu Beginn des Ersten Weltkriegs die Verbindung von Krieg und Kommerz erkannt hat«, schreibt Jens Malte Fischer in seiner Biografie (Fischer 2020, 295). Und in der Tat: Ohne das Werk Karl Marx' und dessen Fetischismusanalyse zu kennen, formuliert Kraus im selben Sinne:

»Die Völker, die noch den Fetisch anbeten, werden nie so tief sinken, in der Ware eine Seele zu vermuten.« (S 8, 387)

Die große »Gründerzeitdepression« ab 1873, die erste tiefe Krise des Kapitalismus, scheint unbezweifelbar die ökonomische Basis für die Zuspitzung von Nationalismus, Rassismus und Militarismus zu bilden. Die Grenzen des Kapitalverwertungsprozesses, der seinen Ausweg immer stärker in der Einbeziehung der Kolonien sucht, verschärft die Konkurrenz nationaler Kapitalien. Karl Kraus selbst hat diesen Zusammenhang zwischen den blinden Mechanismen der kapitalistischen Ökonomie und dem Krieg immer wieder zur Sprache gebracht. Bereits in seiner programmatischen Anrede zu Beginn des Krieges heißt es:

Ich weiß genau, dass es zuzeiten notwendig ist, Absatzgebiete in Schlachtfelder zu verwandeln, damit aus diesen wieder Absatzgebiete werden. Aber eines trüben Tages sieht man heller und fragt, ob es denn richtig ist, den Weg, der von Gott wegführt, so zielbewusst mit keinem Schritte zu verfehlen. Und ob denn das ewige Geheimnis, aus dem der Mensch wird, und jenes, in das er eingeht, wirklich nur ein Geschäftsgeheimnis umschließt, das dem Menschen Überlegenheit verschafft vor dem Menschen und gar vor des Menschen Erzeuger. […] Hinter Fahnen und Flammen, hinter Helden und Helfern, hinter allen Vaterländern ist ein Altar aufgerichtet, an dem die fromme Wissenschaft die Hände ringt: Gott schuf den Konsumenten! Aber Gott schuf den Konsumenten nicht, damit es ihm wohl ergehe auf Erden, sondern zu einem Höheren: damit es dem Händler wohl ergehe auf Erden, denn der Konsument ist nackt erschaffen und wird erst, wenn er Kleider verkauft, ein Händler. […]. Kultur ist die stillschweigende Verabredung, das Lebensmittel hinter den Lebenszweck abtreten zu lassen. Zivilisation ist die Unterwerfung des Lebenszwecks unter das Lebensmittel. Diesem Ideal dient der Fortschritt und diesem Ideal liefert er seine Waffen. Der Fortschritt lebt, um zu essen, und beweist zuzeiten, dass er sogar sterben kann, um zu essen. Er erträgt

Mühsal, damit es ihm wohl ergehe. […] Der Fortschritt, unter dessen Füßen das Gras trauert und der Wald zu Papier wird, aus dem die Blätter wachsen, er hat den Lebenszweck den Lebensmitteln subordiniert und uns zu Hilfsschrauben unserer Werkzeuge gemacht. (S 5, 12–13)

So lässt sich eine Kontinuität aufweisen zwischen der Konkurrenz wirtschaftlicher Akteure, der Konkurrenz der europäischen Kolonialmächte um Einflusssphären weltweit und dem Konkurrenzkampf mit militärischen Mitteln; zwischen der Unterwerfung des Individuums unter die Maschine und der unerbittlichen technischen Kriegsmaschinerie; zwischen der Disziplinierung der Arbeiter in den Fabriken zu stumpfsinniger Tätigkeit und dem disziplinierten Menschenmaterial an den Fronten … Für Karl Kraus jedenfalls war das Bestreben des deutschen Reiches, sich neben den anderen imperialistischen Mächten England und Frankreich seinen »Platz an der Sonne« zu erobern, ein klar auszumachender Kriegsgrund. In seiner satirischen Pointierung hört sich das so an: »Der Anspruch auf einen Platz an der Sonne ist bekannt. Weniger bekannt ist, dass sie untergeht, sobald er errungen ist.« (S 8, 389) Oder: »Ich begreife, dass einer Baumwolle für sein Leben opfert. Aber umgekehrt?« (S 8, 387) Und schließlich: »›Es handelt sich in diesem Krieg‹ – Jawohl, es handelt sich in diesem Krieg!« (S 8, 387)

»Sollte ›Schlachtbank‹ nicht vielmehr von der Verbindung der Schlacht mit der Bank herkommen?« (aus: *Nachts*)

Den Zusammenhang von einer die Sinne abtötenden Disziplinierung der Arbeitskraft im Dienst des Profits und der gefügigen Soldatenmasse im Dienst der Kriegsmaschinerie artikuliert Kraus im Lied des Kommerzienrates Ottomar Wilhelm Wahnschaffe in den *Letzten Tagen der Menschheit*:

Im Frieden schon war ich ein Knecht,
Drum bin ich es im Krieg erst recht.
Hab stets geschuftet, stets geschafft,
vom Krieg alleine krieg' ich Kraft.

Weil ich schon vor dem Krieg gefront,
hat sich die Front ja auch gelohnt.
Leicht lebt es sich als Arbeitsvieh
im Dienst der schweren Industrie.
Heil Krupp und Krieg! Ich bin ein Deutscher!
(S 10, 392)

In welch scharfem Kontrast steht »Wahnschaffes Lied« zur selbstverleugnenden, sozialdarwinistischen und den Schweiß eines unerträglich platten Patriotismus ausdünstenden Kriegslyrik der »Arbeiterdichter« jener Tage (vgl. etwa Kurz 1999, 342–345)!

Und doch ist der Kriegsausbruch für Kraus selber ein biografisch umwälzendes Ereignis. Der bis dahin politisch durchaus Konservative, der Parlamentarismusskeptiker, der sich in der Gesellschaft aristokratischer Kreise wohlfühlte und zum Teil deren überkommene Wertvorstellungen teilte, wandelt sich, als das Ungeheuerliche tatsächlich eintritt, zum unbedingten Pazifisten. Noch sein Nachruf auf den ermordeten Thronfolger ist durchwegs monarchistisch gestimmt. Einige Jahre später wird er von den Habsburgern als von einer »allerhöchst bedenklichen Familie« sprechen und Franz Joseph I. als den apostrophieren, der auf einem »als Thron kaschierten Leibstuhl« gesessen sei (S 6, 188). Gerade die konservativen Ordnungsmächte, von denen sich Kraus die Eindämmung der entfesselten Kräfte der Ökonomie erhoffte – Monarchie, Kirche, ja, auch Militär –, haben sich durch den Krieg völlig diskreditiert. Als auf die moralische Abdankung die politische folgte, hatte sich Kraus bereits zur Republik bekannt.

Kraus' anfängliches Schweigen steht in scharfem Kontrast zur Kriegsbegeisterung der angeblichen geistigen Elite, zum fast kompletten Versagen der Intelligenz, der Geisteswissenschaften, der Literatur angesichts des kollektiven Selbstmordkurses. Das Bild, das sich uns hier darbietet, ist wahrhaft niederschmetternd. Gerade einmal eine Handvoll Schriftsteller lässt sich ausfindig machen, die sich nicht vom Taumel der Kriegsbegeisterung hinreißen lassen, die wie Kraus selbst wenigstens schweigen – was in diesem Kontext Aussage genug ist. Zu ihnen zählen Hermann Hesse, Ricarda Huch, Franz Werfel, Stefan Zweig, Arthur Schnitzler. In einem Epigramm für Letzteren, seinen alten Feind, hat Karl Kraus die Haltung dieser wenigen Besonnenen stellvertretend gewürdigt:

Sein Wort vom Sterben wog nicht schwer.
Doch wo viel Feinde, ist viel Ehr:
Er hat in Schlachten und Siegen
geschwiegen. (S 9, 154)

Neben eher peinlichen Gestalten wie etwa dem katholischen Priester Ottokar Kernstock oder Ludwig Ganghofer waren es Schriftsteller von höchstem Ansehen, die in minderwertigen literarischen Ergüssen oder auch in feinsinnigem Erhabenheitsgeschwafel den Krieg feierten: Hugo von Hofmannsthal, Hermann Bahr, Alfred Kerr und – für Karl Kraus besonders enttäuschend – Gerhart Hauptmann:

Drei Engel redeten einst aus dir,
ich liebte dich, verzeihe.
Doch Hannele träumt, so träumte mir,
von der sechsten Kriegsanleihe.
Und Pippa tanzt im Hauptquartier
und freut sich, dass jene gedeihe. (S 9, 153)

Der Krieg wird von den willfährigen Literaten – von denen sich viele selbst vor der Front drückten, indem sie sich dem Kriegspressequartier als Schreiberlinge andienten – als das große »kathartische«, also reinigende Ereignis mystifiziert. So etwa Hermann Bahr:

Alle deutschen Wunden schließen sich. Wir sind genesen. Gelobt sei dieser Krieg, der uns am ersten Tag von allen deutschen Erbübeln erlöst hat! (W 9, 319)

Und man begab sich in die Gosse der primitivsten Mordinstinkte hinab, die man – darin wenigstens konsequent – in die primitivste literarische Form goss. Das berühmte Diktum von Karl Kraus, dass der kategorische Imperativ bei den Deutschen nun »Immer feste druff« lautet (S 10, 353), bestätigt eindrucksvoll Ludwig Ganghofer:

»Seitdem man dem Bürger einen Spieß in die Hand gegeben hat, wissen wir endlich, was ein Held ist.« (aus: *Nachts*)

Herr Kronprinz Wilhelm, vermöble sie fest
und mache sie springen wie vor der Pest!
Hell leuchtet aus dieser fröhlichen Jugend
Die Sonne des Mannes, die Siegestugend!
Nur druff! Immer feste druff!
(zit. nach Weigel 1972, 181)

Die Beispiele ließen sich nahezu endlos fortsetzen. Lediglich in der satirischen Bearbeitung von Karl Kraus löst sich der Brechreiz angesichts dieser Ergüsse in befreiendes Lachen auf.

Nicht zuletzt diese Literaten sind es, anhand derer Karl Kraus die Mentalität bloßlegt, die den Krieg möglich machte, die »geistige Mobilmachung«, die der tatsächlichen vorausging. Und danach wird die Haltung der jeweiligen Schriftsteller im und zum Krieg für Kraus der entscheidende Bewertungsmaßstab sein. Literarische Qualität erweist sich eben nicht zuletzt an der Sache, für die sie dienstbar gemacht wird.

Mit all dem ist schon hinreichend angedeutet, dass das Schweigen nicht das letzte Wort von Karl Kraus war. Im Gegenteil: Der Krieg ließ seine sprachliche Gestaltungskraft zur Höchstform auflaufen. Dokumentiert ist dies in *Weltgericht*, jenem Werk, der die großen Essays aus der Kriegszeit enthält, dokumentiert ist dies in den vielen Glossen der etwa hundert Nummern der »Kriegsfackel«, dokumentiert ist dies in seinem Aphorismenband *Nachts*, vor allem aber in seinem monumentalen Weltkriegsdrama *Die letzten Tage der Menschheit*.

Die Hinrichtung des sozialistischen Tiroler Abgeordneten Cesare Battisti wegen Hochverrats wird in Form einer Postkarte vermarktet. Kraus wählte diese Abbildung als Frontispiz der ersten Ausgabe seiner *Letzten Tage der Menschheit*.

Das Schweigen hielt lange an. Im Dezember 1914 erschien noch ein dünnes Heft der Fackel, das vor allem seine Anrede *In dieser großen Zeit* enthielt. In einer Lesung am 15. Februar 1915 bekräftigt Kraus sein Schweigen noch einmal. Die erste »richtige« Nummer der *Fackel* sollte schließlich im Oktober 1915 erscheinen und bildet den Auftakt jener »Kriegsfackel«, aus der dann die beiden Bände *Weltgericht* hervorgingen.

Als sich der Kriegseintritt Italiens immer deutlicher abzeichnete, startete Kraus noch seine eigene Friedensinitiative, die man sicherlich als politisch naiv einstufen kann. Dass er selbst davon kein Aufhebens gemacht und sie später nie erwähnt hat, ehrt ihn allerdings und widerlegt all jene, die ihm in vielen Dingen bloß persönliche Eitelkeit als Motiv unterstellen. Kraus nutzt seine persönlichen Kontakte und fährt, ausgerüstet mit Empfehlungsschreiben aristokratischer Freunde, nach Italien, um die letzten – vergeblichen – diplomatischen Bemühungen, wenigstens eine Ausweitung des Massenschlachtens zu verhindern, zu unterstützen.

Kraus versucht den Eindrücken dieses Krieges zunächst zu entfliehen. Sein Refugium Schloss Janowitz und die Nähe zu Sidonie, die mit ihm den Abscheu vor der Kriegsbegeisterung vollkommen teilt, werden in dieser Zeit wichtiger denn je. Mit Sidonie zusammen erschließt er sich einen zweiten Zufluchtsort in der Schweiz: den kleinen Ort Tierfehd am Tödi. Während seiner insgesamt vier längeren Aufenthalte dort von Winter 1915 bis Februar 1918, teilweise in Begleitung von Sidonie, entstehen wichtige Teile seines Weltkriegsdramas. Das Naturerleben dieser Gegend beschert ihm jene »Gegenwelt«, die ihm das schöpferische Werk allererst ermöglicht.

Was schließlich den Bruch seines Schweigens veranlasste, wissen wir aus erster Hand aus zwei Briefen an Sidonie, die Elias Canetti als die wichtigsten dieser überlieferten Briefe überhaupt einstuft (Canetti 1981 b, 278). Nach seiner Rückkehr nach Wien hatte sich Kraus zunächst in Arbeit gestürzt und war mit der Redaktion seines Bandes *Untergang der Welt durch schwarze Magie* beschäftigt. Doch die Eindrücke des Krieges ließen sich nicht länger von der Schwelle weisen. Der Tod auf den Schlachtfeldern holte ihn ein. Er schreibt schließlich an Sidonie:

Die Wortwahl (»soll mich erdrosseln«) verweist darauf, dass sich Kraus der Lebensgefahr bewusst war, in die ihn seine Opposition zum Krieg bringen konnte.

Ich habe zu Trauriges in diesen letzten Tagen gesehen und doch ist auch daraus noch Arbeit geworden – eine Arbeit, immer wieder erst abgeschlossen, wenn morgens um 6 Uhr grad vor meinem Fenster die Opfer [Rekruten] vorbeimarschieren. […] Was hinauszuschreien wäre, soll mich erdrosseln, damit es mich nicht anders ersticke. Ich bin auf der Straße meiner Nerven nicht mehr sicher. […] Aus dieser Erschöpfung nun ist noch ein Funke entsprungen, und es entstand der Plan zu einem Werk, das freilich, wenn es je hervorkommen könnte, gleichbedeutend wäre mit Preisgabe. Gleichwohl und eben deshalb muss es zu Ende geschrieben werden. Der erste Akt, das Vorspiel zu dem Ganzen, ist fertig und könnte für sich bestehen. Zu wem aber wird es dringen? (BS 1, 215)

Diese Notiz vom 29. Juni 1915 ist die erste Erwähnung des großen Weltkriegsdramas, das so einzigartig in der Literaturgeschichte dasteht. Kraus selbst hielt es als Bühnendrama für unaufführbar, einem künftigen »Marstheater« zugedacht (Die Aufführungsgeschichte – meist von Teilen des Werkes, vor allem vom Schlussakt »Die letzte Nacht« – ist übrigens recht vollständig dokumentiert bei Fischer 2020, 321–324). Es ist eine monumentale Collage von Einzelszenen, die sich als Sprech- oder Vorlesedrama zu einem Gesamtbild zusammenfügen und die geistige Jauche offenbaren, aus der dieser Krieg emporstieg. In seiner Vorrede macht Kraus selbst darauf aufmerksam:

Die unwahrscheinlichsten Taten, die hier gemeldet werden, sind wirklich geschehen: Ich habe gemalt, was sie nur taten. Die unwahrscheinlichsten Gespräche, die hier geführt werden, sind wirklich gesprochen worden; die grellsten Erfahrungen sind Zitate. (S 10, 9)

Karl Kraus lässt Gedrucktes einfach auf der Bühne sprechen. Mit den einleitenden Worten »Melde gehorsamst, Herr Oberst« referiert der im Kriegsarchiv beschäftigte Feuilletonist Hans Müller seinen eigenen Artikel. Die mündliche Wiedergabe genügt, um die Blamage perfekt zu machen. Karl Kraus findet nicht nur die Sprache wieder, sondern mit ihr auch seinen unnachahmlichen Witz. Die verlogene Phraseologie, mit der der Krieg gerechtfertigt wird, die erhabenen Menschheitsideen, die ihr eigenes Abschlachten legitimieren sollen, blamieren sich gründlich vor diesem Kraus'schen Witz. So haben die Kriegsschreiberlinge in vielfachen Variationen den Gedanken propagiert, der Krieg trage zur »Hebung der Sittlichkeit« der Menschheit bei, er sei ein Segen für deren moralische Höherentwicklung und dergleichen mehr. Kraus führt genau das durch eine kleine Szene ad absurdum: Ein Fahrgast beschwert sich bei einem Droschkenkutscher (»Fiaker« nennt man diese in Wien) über den ungewöhnlich hohen Fahrpreis. »In Kriag kriag i s'Doppelte«, lautet die in Mentalität und Idiom unübertrefflich wienerische Antwort des Fiakers, der damit wahrlich ein eindrucksvolles Beispiel für die postulierte gesteigerte Sittlichkeit abgibt. Die viel beschworene unverbrüchliche Bündnistreue zwischen Deutschen und Österreichern, in Festtagsreden immer wieder in abgestandenen Phrasen bekräftigt, gibt Kraus in seinem legendären Dialog zwischen dem deutschen »Wachtmeister Wagenknecht« und dem österreichischen »Feldwebel Sedlatschek« (auf der ersten Silbe zu betonen!), die sich innerhalb der gemeinsamen deutschen Sprache ständig missverstehen, der Lächerlichkeit preis: »Herr Oberbombenwerfer, derf ich jetzt eine Bomben obawerfen?«, lautet einer der Spitzensätze, der die »Bündnistreue« dem Hohngelächter ausliefert. Und während für den Österreicher die »Niederlage« eine Kaufhausfiliale meint, versteht der Deutsche darunter nur das militärische Desaster – was die Bündnistreue natürlich in erhebliche Gefahr bringt, wenn Sedlatscheck von »einer unserer schönsten Niederlagen« spricht. Beim Lesen seines Weltkriegsdramas kann man sich manchmal auch des Eindrucks nicht erwehren, dass Kraus so manche Szene lediglich um einer guten Pointe willen aufgenommen hat.

»Was uns voneinander trennt, ist die gemeinsame Sprache«, attestiert Kraus den Bündnispartnern, Österreichern und Deutschen.

Allerdings bestätigt Kraus gerade im Krieg seine Auffassung, dass ein Witz nur dann Bestand habe, wenn er eine ethische Deckung aufweise. Das Leid der Opfer wird Kraus zum absoluten Maßstab. In ihrem Antlitz spiegelt sich die gesamte Pervertierung der Zivilisation im Krieg, sie – einschließlich der Tiere – sind die eigentlichen Helden seines Kriegsdramas. Da ist das serbische Flüchtlingskind, das um ein Stück Brot bettelt, da sind die zur Hinrichtung Bestimmten, die gezwungen werden, ihr eigenes Grab auszuheben, da sind die erfrierenden Soldaten, aber ebenso eindrücklich setzt er der nichtmenschlichen Kreatur ein literarisches Denkmal: den ertrinkenden Pferden und dem toten Wald.

Gegenstand der Satire sind nicht so sehr politische Konstellationen, Ergründung politischer Ursachen etc. Kraus entwirft vielmehr die geistige Anatomie, er konfrontiert die Menschen mit der eigenen inneren Disposition, ohne die diese Menschheitskatastrophe nicht möglich gewesen wäre. Und darin erweist er sich heute noch als aktueller denn je. Da sind die reichlich dekadenten Söhne aus höherem Haus, deren Zusammenkünfte an der »Sirkecke« jeweils die einzelnen Akte einleiten und deren Oberflächlichkeit den ganzen Zynismus offenbart, der dem Krieg zugrunde lag. Da ist das »Ehepaar Schwarzgelber«, das den Krieg dazu benutzen will, in die höheren Gesellschaftskreise aufzusteigen, indem es sich bei Wohltätigkeitsveranstaltungen hervortut (»Geschleppt hast du mich in die Tees und Komitees, getrieben hast du mich …« beschwert sich der geplagte Ehemann bei seiner allzu ehrgeizigen Frau), da ist Wilhelm II. selbst, der dem Hof- und Kriegsdichter Ganghofer kumpelhaft aufmunternd aufs Hinterteil klopft, und da ist nicht zuletzt der im *Nachruf* (S. 93 f.) gewürdigte österreichische Erzherzog Friedrich, dessen Ausruf bei der Filmvorführung der neuesten Kriegstechnologie die ganze abgestumpfte Primitivität der Kriegstreiber auf die denkbar knappeste Art zusammenfasst: »Bumsti!« Fiktive Figuren und Szenen stehen hier durchaus neben der satirischen Gestaltung von verbürgten Nachrichten: Die launischen Tätlichkeiten Kaiser Wilhelms sind bekannt, und das »Bumsti« des Erzherzogs Friedrich ist Realität, wie sie Kraus nicht besser hätte erfinden können.

Als »Heimatsschwindler« hat Kraus Dichter vom Schlage Ganghofers treffend bezeichnet.

Kraus zeichnet mit spitzer Feder die Profiteure des Kriegs. Unnachahmlich schildert er den physischen Zusammenbruch eines Mannes, der in Skoda-Aktien investiert hatte, als die ersten Gerüchte von einem möglichen Waffenstillstand aufkommen. Und natürlich bildet die Presse einen Hauptgegenstand der Satire, die gerade im Krieg all das bestätigt, was ihr Kraus schon in Friedenszeiten attestiert hat. Moriz Benedikt, der Herausgeber

Moriz Benedikt, der Herausgeber der *Neuen Freien Presse*

der *Neuen Freien Presse*, wird als der »Herr der Hyänen« vorgestellt. Der »alte Biach« verkörpert in den *Letzten Tagen der Menschheit* den zeitungsgläubigen Leser, der schließlich an einem nicht auflösbaren Widerspruch im Leitartikel zugrunde geht! Und geradezu die Verkörperung des sensationslüsternen, hyänenhaften und um Menschenleben unbekümmerten Gebarens der Presse ist die Kriegsberichterstatterin Alice Schalek (s. vor allem *Die wackre Schalek forcht sich nit!,* W 4, 155–157). Auch sie ist keine Erfindung, und man wundert sich, wie sie, nachdem sie in Kraus' Satire Eingang fand, tatsächlich noch bis in die Siebzigerjahre des vorigen Jahrhunderts physisch weiterleben konnte. Eine der wiederkehrenden Figuren im Kriegsdrama ist »der Nörgler«, das *Alter Ego* von Karl Kraus. An dieser Gestalt kann man Kraus' eigenen Reflexions- und Wandlungsprozess nachvollziehen und den Weg hin zu seinem unbedingten Pazifismus ermessen.

Alice Schalek, »die erste und bisher einzige vom Kriegspressequartier als Berichterstatterin zugelassene Dame«

Am Ende des Dramas ertönt vieldeutig die Stimme Gottes: »Ich habe es nicht gewollt!«

Die satirische Begabung des Karl Kraus bewährt ihre Treffsicherheit, ihre Pointierungskunst im Krieg in besonders eindrucksvoller Weise. Gerade unter den Bedingungen einer rigorosen Zensur beweist Kraus, wie man dieselbe unterläuft – und damit vorführt. Seine Satire kommt mit den sparsamsten Mitteln aus. Vielfach druckt er nur ab, was andernorts bereits erschienen und von der Zensur genehmigt ist. Seine Eigenleistung besteht in der Anordnung des Abgedruckten, in der Wahl einer entlarvenden Überschrift, in knappsten Kommentaren. Die *Kriegsfackel* ist voll von exzellenten Beispielen für dieses Verfahren, etwa: *Zwei Stimmen: Benedikts Gebet – Benedikts Diktat* (S 5, 31–32), wo er einem Friedensappell Papst Benedikts XV. einfach einen Leitartikel des Herausgebers der *Neuen Freien Presse*, Moriz Benedikt, in zwei Spalten gegenüberstellt. Er druckt eine scheinbar belanglose Lokalnachricht aus der Rubrik »Vermischtes« ab, die von der Arretierung einer Frau handelt, welche durch provozierendes Heben ihres Rocks öffentliches

Ärgernis erregt habe. Der knappe Kommentar von Karl Kraus: »Hoch der Rock, die Waffen nieder!« (W 4, 197)

Die Zensur war weitgehend machtlos gegen den Satiriker. Oft genügte es schon, dass etwas in der *Fackel* abgedruckt wurde, um zur Satire zu werden. Der Bericht über ein »Gesellschaftsereignis« wurde allein aufgrund der Tatsache, dass die *Fackel* ihn mitten im Krieg würdigte, zur von allen verstandenen Kritik. Und selbst die Überschriften vor den von der Zensur verfügten »weißen Flecken« schlugen als satirische Attacke auf diese selbst zurück. Genau in diesem Zusammenhang formulierte Kraus seinen schönen Aphorismus: »Satiren, die der Zensor versteht, werden mit Recht verboten.« (S 8, 224) Oder in Versen ausgedrückt:

> *Nie wird bis auf den Grund meiner Erscheinung*
> *der kühnste Rotstift eines Zensors dringen.*
> *Verzichtend auf die Freiheit einer Meinung,*
> *will ich die Dinge nur zur Sprache bringen.*
> (S 9, 105)

Es bot sich seinerzeit auch ein Trick zur Umgehung der Zensur an, dessen sich Kraus – mithilfe der *Arbeiter-Zeitung*, der er attestierte, »dem durch Tat und Flucht grausamen Tag etwas Besinnung beizubringen« (F 418–425, 45), bediente: Wörtliche Protokolle aus dem Abgeordnetenhaus durften nicht der Zensur unterworfen werden. Und so konnte so mancher sozialdemokratische Abgeordnete durch eine Anfrage an den zuständigen Minister einen bestimmten, der Zensur zum Opfer gefallenen Zeitungsbericht ins Protokoll bringen, das daraufhin publiziert werden konnte.

Kraus zeigte sich anfangs selbst überrascht von der Großzügigkeit der Zensur ihm gegenüber. Mehrmals drückt er in Briefen an Sidonie sein Erstaunen darüber aus. Die entsprechenden Briefstellen zeugen aber zugleich davon, welch geduldigen Ringens mit der Behörde es hierfür bedurfte (BS 1, 100. 200). Dass er zumindest in den ersten beiden Kriegsjahren weitgehend von der Zensur verschont wurde, hat wohl auch mit seinen persönlichen Beziehungen zum zuständigen Behördenleiter Kurt Hager zu tun – und zu Johann Schober, dem Chef der politischen Polizei während des Krieges, gegen den Kraus später seinen entschlossensten politischen Kampf führen sollte (S. 110 ff.).

Es macht – wie einleitend (S. 10) bereits ausgeführt – geradezu das Wesen der Kraus'schen Satire aus, von der sprachanalytischen Beobachtung zur Kulturkritik und Gesellschaftsanalyse vorzudringen. Dieses Verfahren bewährt sich gerade in den Texten der *Kriegsfackel*. Die völlig anachronistische Phraseologie, die die Schilderung moderner technischer Kriegsführung mit antiquierten Ausdrücken schmückt, die einem Ritterturnier entlehnten Bezeichnungen für das industrielle Abschlachten wird für Kraus zum untrüglichen Anzeichen dafür, dass die geistige und emotionale Entwicklung des Menschen nicht mithalten kann mit der ihn überfordernden Technik. *Das technoromantische Abenteuer* (S 6, 86–91) ist in dieser Hinsicht ein Schlüsseltext. Humorvoller noch kommt derselbe Sachverhalt in *Der Praeceptor Germaniae* zum Ausdruck. Kraus entlarvt hier die Phraseologie einer Rede des Chefs des Hauses Krupp, der vom notwendigen »doppelt geschliffenen Schwert«, von der »doppelt geladenen Büchse« spricht (an denen er ja gerade verdient). Er bedient sich damit einer

»Die Seele ist von der Technik enteignet. Das hat uns schwach und kriegerisch gemacht. Wie führen wir Krieg? Indem wir die alten Gefühle an die Technik wenden.« (F 445 – 453, 4)

... Sprache, die der Auseinandersetzung moderner Mordindustrien den Charakter des Turniers wenigstens auf deutscher Seite sichert, wo man mit Schwert und Büchse, Schild und Waffe, also rechtschaffenen mittelalterlichen Erzeugnissen, ernst aber zuversichtlich den feindlichen Flammenwerfern, Gasgranaten und so Waren gegenübersteht und dennoch leistungsfähig bleibt. (W 4, 253–254)

Aus der Kriegszeit stammt auch eines von Kraus' schönsten, bewegendsten Gedichten. Es ist Kants Schrift *Zum ewigen Frieden* gewidmet (S 9, 267–268). Welchen Stellenwert dieser Text für Kraus selbst besaß, ist daran abzulesen, dass es der einzige Text war, den er in seinen Vorlesungen, um Kant die Ehre zu erweisen, stets im Stehen vortrug. Das Gedicht ist nicht zuletzt ein eindrucksvolles Beispiel dafür, dass Kraus sich inmitten der Kriegsgräuel den Glauben an die Menschheit bewahren wollte. Darin liegt auch die Bedeutung der »Gegenwelten«, die er sich schuf und die mehr als bloßer Eskapismus sind: das Erleben der unberührten Natur in den Schweizer Alpen, die Rückbesinnung auf die Kindheit, die Sprachästhetik (mitten im Krieg schreibt Kraus Gedichte über den »Tod eines Lautes« und den »Reim«) und all das, was sich noch mitten in der Kriegshölle an aufrichtiger Menschlichkeit ausmachen lässt. Kraus ist trotz allem berechtigten Pessimismus einer, der die Menschheit nicht aufgibt – um der Opfer willen, denen er in seinen Kriegsschriften ein Denkmal setzt.

»Im Weltbrand bleibt das Wort ihr eingebrannt: Zum ewigen Frieden von Immanuel Kant!«

So lautet der Schluss des Gedichtes, das Kraus stets im Stehen vortrug.

Nicht nur die *Fackel*, auch die öffentlichen Lesungen Kraus' – insgesamt fünfzig während des Krieges – unterliegen strenger behördlicher Aufsicht, und so gerät er im Frühjahr 1918 doch noch unter erheblichen Druck. Unmittelbarer Anlass ist eine Lesung am 27. März, in die er seinen Text *Für Lammasch* (S 6, 94–96) aufnimmt. Der von Kraus geschätzte Jurist Dr. Heinrich Lammasch war seit 1899 Mitglied des Herrenhauses, hatte in den Jahren 1899 und 1907 an den internationalen Haager Friedenskonferenzen teilgenommen und war nun ein wichtiges Mitglied im vom österreichischen Industriellen Julius Meinl Anfang 1916 gegründeten offiziösen Komitee für einen »Versöhnungsfrieden«. Seine Friedensreden im Parlament waren allgemeinem Hohngelächter ausgesetzt, doch für Karl Kraus' Entwicklung zum Pazifismus vermutlich von entscheidender Bedeutung. Lammasch sollte schließlich noch der letzte Ministerpräsident der Habsburger-Monarchie werden. Kaiser Karl, der bekanntlich ohne

Wissen des deutschen Bündnispartners Friedensverhandlungen aufnehmen wollte (die sogenannte Sixtus-Affäre, das heißt der Versuch Kaiser Karls, mithilfe seines Schwagers Verhandlungen mit Frankreich aufzunehmen, führte zum Eklat), bat Lammasch um Hilfe. Er sollte sondieren, inwieweit Präsident Wilsons »Vierzehn Punkte« im Falle eines Separatfriedens Österreich-Ungarns Anwendung fänden. Der Außenminister Graf Czernin – auch er Zielscheibe von Kraus' scharfzüngiger Polemik (*Der begabte Czernin*, S 6, 100–118) – trat darauf eine Pressekampagne gegen Lammasch und das Komitee Meinl los. Kraus' Text stellt eine mutige Intervention dar und bezieht sich hauptsächlich auf die Angriffe des nationalistischen, der heiligen Union mit dem Deutschen Reich verpflichteten Journalisten Heinrich Friedjung, der sich schon im Jahr 1912 der Polemik von Kraus ausgesetzt sah (S. 74). Die Parteinahme für Lammasch stellt für die Behörden eine Provokation dar. Ein Denunziant unter dem Publikum erstattet Meldung beim Kriegsminister, kolportiert, dass Kraus in seiner Lesung unter anderem von der »chlorreichen Offensive« gesprochen habe, und Kraus gerät in die Mühlen der Militär- und Zivilverwaltung. Er wird des Defätismus bezichtigt, eine Untersuchung wird eingeleitet, die sich den ganzen April hinziehen sollte, und sein Auto wird konfisziert. Der Wiener Polizeichef Johann Schober ist es schließlich, der für Kraus Partei ergreift, und der Text *Für Lammasch* kann in der Mai-Ausgabe der *Fackel* erscheinen.

Man spürt die Erleichterung, das vom Albdruck des Krieges befreite Aufatmen, die Hoffnung auf den Neubeginn und den Antrieb, gerade deshalb das satirische Wirken auch nach dem Kriege fortzusetzen, in Kraus' grandiosem *Nachruf* vom Januar 1919. Noch einmal lässt er die Protagonisten des Krieges vorbeidefilieren: die am Krieg verdienenden Spekulanten und Schieber, die militärisch und politisch Verantwortlichen, die willfährigen Berichterstatter und Schreiberlinge, die vergnügten

Spießbürger … Noch einmal entsteht vor unseren Augen jenes »österreichische Antlitz«, die stumpfsinnige Unschuldsmiene von Mördern. Der ehemalige Monarchist charakterisiert nun die Donaumonarchie als »greisen Gewohnheitsverbrecher der Weltgeschichte«, als Staat »im Privatbesitz einer allerhöchst bedenklichen Familie«, der »durch sieben Dezennien der Welt das Schauspiel eines als Thron kaschierten Leibstuhls gewährte«.

… dass ein solcher von der Großmut zivilisierter Anrainer geduldeter Übelstand der gesamten Umwelt Krieg angesagt hat, weil sein Prestige nicht vierundzwanzig Stunden länger den Zustand, dass sie sich die Nase zuhielt, ertragen konnte, und dass ein Dreckhaufe ein Ultimatum an den Mistbauern gestellt hat, um seiner Wegräumung um ein paar Jahre zuvorzukommen – für diesen tragikomischsten aller Präventivkriege war das Kaputtwerden eine zu geringe Sühne! (S 6, 188–189)

Es gilt zwar, dass die Ursache des Weltkriegs »so viel Flächen [hat] wie er Fronten hatte«, doch die kommerziellen Interessen, vor allem des deutschen Bündnispartners, die den Krieg befeuerten, hebt Kraus noch einmal hervor:

Es versteht sich von selbst, dass die Kapuzinergruft bei aller Bedenklichkeit allein nicht zu dem Gelüste fähig gewesen wäre, die ganze lebendige Welt zu verschlucken, wenn sie nicht ihren Rückhalt in der einzigartigen Verbindung mit jenem Warenhaus gehabt hätte, das die Zeit gekommen sah, der schon auf die rascheste Verbindung Berlin–Bagdad wartenden Kundschaft ihre Pofelware anzuhängen. (S 6, 191)

Und dann setzt Kraus den folgenden Schlussakkord:

Es war ein Traum. Wir waren auf Walpurgis zwischen Sautanz und Totentanz. Kinodramatisch mit viel Blut und Walzer ging es zu. Wir saßen in einem ungeheizten Saal.

»Ich habe es nicht gewollt.« Mit diesen Gott selbst in den Mund gelegten Worten enden die *Letzten Tage der Menschheit*. Veranschaulicht wird das im Kruzifix ohne Kreuz zwischen Sarrebourg und Bruderdorf, das Kraus als Abbildung in die Erstausgabe des Dramas mit aufgenommen hat.

Wir wurden durch das Ende entschädigt. Und wie da, nachdem schon alles verpulvert war, ein gewaltiger Fall geschah, hörte man in atemloser Stille eine Stimme aus der vordersten Reihe nur ein Wort rufen, aber mit einem Ton, in dem alle Quantität der Leere dumpf zu Boden schlug, das große Wort des Nachrufs aller Nachrufe: Bumsti! … Phorkyas aber richtet sich riesenhaft auf, tritt von den Kothurnen herunter, lehnt Maske und Marschallstab zurück und zeigt sich als Mephistopheles, um, insofern es nötig wäre, im Epilog das Stück zu kommentieren. (S 6, 291)

Mit diesem reichlich rätselhaften letzten Satz, der auf Goethes *Faust II* Bezug nimmt, scheint Kraus die Rolle anzudeuten, die er selbst nach dem Krieg einnehmen will. Und er tut dies denn auch mit aller Konsequenz. Überall,

wo er die alten Kriegsgespenster weiterwirken sieht, erhebt er seine Stimme. Nichts lässt er den einstigen Sängern des Kriegs durchgehen, die gesellschaftlich wieder ihre Anerkennung genossen, und gibt sie wie einst dem Gelächter preis. Gern stimmt man in Kraus' befreiendes Lachen ein, wenn er nach dem Krieg Hermann Bahrs Büchlein *Kriegssegen* und den darin enthaltenen »Gruß an Hofmannsthal« zur Hand nimmt und vermerkt, dass noch heute »die Lachtauben und Spottdrosseln keinen anderen Text als Grundlage ihrer beruflichen Wirksamkeit« wissen. (W 9, 317)
Bereits im Sommer 1918 hatte sich Sidonie – zum ersten Mal, wie wir rückblickend sagen können – von Karl Kraus getrennt. So schmerzhaft dies für Kraus auch gewesen sein mag: Das Akrostichon, das er seiner Geliebten hinterhersendet und dessen Versanfänge den zärtlichen Kosenamen »Sidi« ergeben, klingt doch nach souveräner Bewältigung dieses Abschieds:

> *Segen deinem stolzen Schritt*
> *in die fernste Richtung!*
> *Du nahmst meine Seele mit.*
> *Ich bewahr' die Dichtung.*
> (zit. nach Weigel 1972, 221)

Und auch die wiedererlangte Zuversicht nach dem Krieg kann Kraus nun in folgende Verse kleiden:

> *Nun weiß ich doch, 's ist Frühling wieder.*
> *Ich sah es nicht vor so viel Nacht*
> *und lange hatt' ich's nicht gedacht.*
> *Nun merk' ich erst, schon blüht der Flieder.* (S 9, 269)

DIE »VERJAGUNG DER ALTEN GESPENSTER«

Jeder Republikaner wird dankbar anerkennen, was Sie mit Ihrem Wort zur Verjagung der alten Gespenster beigetragen haben. (S 16, 9)

Mit diesen Worten gratuliert Karl Seitz, der Präsident der Deutschösterreichischen Nationalversammlung, Karl Kraus zum zwanzigjährigen Bestehen der *Fackel* – für Kraus die Steilvorlage für einen programmatischen Aufsatz, in dem er konstatiert, dass der Spuk noch lange nicht vorbei ist, dass die alten Kräfte – vor allem die »journalistischen Rädelsführer« – weiterwirken, dass sich diejenigen, die sich opportunistisch dem Kriegspressequartier angedient hatten, nun in pseudorevolutionäre Pose werfen:

Der Mangel an Vorstellungskraft hat den Krieg ermöglicht; ein Rest von ihr ist nötig, um seine Ursache zu erkennen. In diesem Circulus vitiosus geborgen, brandschatzt der Journalismus weiter alle Besitztümer der wehrlosen Menschheit. Nichts anderes ist ihr zu wünschen, […] als dass die Republik, die Blutsverwandtschaft erkennend, mit den hinterbliebenen Parasiten der Kaiserzeit wie mit den Mitessern der Revolution ein Ende mache … Dann erst – glaube ich, Herr Präsident – werden die Gespenster verjagt sein! (S 16, 65)

Von der harschen, pauschalen Kritik an der Presse ausgenommen ist allerdings die *Arbeiter-Zeitung*. Bereits vor dem Krieg hatte sich zwischen deren Chefredakteur, Friedrich Austerlitz, und Karl Kraus ein Verhältnis gegenseitiger Wertschätzung entwickelt. Der »Sündenfall« der österreichischen Sozialdemokratie, die ähnlich wie die deutsche anfangs den Krieg befürwortete, konnte dem offenbar keinen Abbruch tun. Im Verlauf des Krieges entwickelte die *Arbeiter-Zeitung* ein zunehmend kritisches

Verhältnis zu diesem, wurde für Kraus zum Hort der Vernunft inmitten einer ansonsten recht deprimierenden Presselandschaft, und etliche Szenen in den *Letzten Tagen der Menschheit* verdanken sich Berichten des Organs der Sozialdemokratie. Höchst erstaunlich mutet es an, dass der insgesamt eher auf Distanz zu gesellschaftlichen Gruppierungen und Parteien bedachte Kraus in die Ankündigung einer Vorlesung vom Februar 1919 einen – allerdings recht dezent formulierten – Wahlaufruf für die Sozialdemokratie integrierte! Es ist nicht zuletzt Friedrich Austerlitz zu verdanken, dass sich Kraus nun ein völlig anderes Publikum erschloss: Vor allem über die sozialdemokratische Kunststelle, aber auch über andere Parteigliederungen wurden insgesamt fast dreißig Vorlesungen für ein Arbeiterpublikum organisiert! Für Kraus stellte diese Hörerschaft einen erfrischenden Kontrast dar, und er empfand es durchaus als reizvolle Mission, Arbeiterinnen und Arbeitern Kulturwerte jenseits des bürgerlichen Snobismus zu vermitteln.

Die Haltung der österreichischen Sozialdemokratie zum Krieg war natürlich keine einheitliche. Während im Deutschen Reich das Versagen eindeutig bei der Parteiführung selbst auszumachen ist, die einer durchaus gegen den Krieg mobilisierbaren Arbeiterschaft gegenüberstand, verhält es sich in Österreich eher umgekehrt: Victor Adler verzweifelt am Patriotismus der eigenen Parteibasis! Sein Sohn Friedrich sollte im Jahr 1916 ein erfolgreiches Attentat auf den damaligen österreichischen Ministerpräsidenten Graf Karl von Stürgkh verüben – was Kraus in der *Fackel* durchaus anerkennend erwähnte (F 462–471). Allerdings war Kraus weit davon entfernt, die ideologischen Grundlagen der Partei – jene Orthodoxie, die man später als Austromarxismus bezeichnete – zu teilen. Seine diesbezügliche Haltung könnte nicht schöner zum Ausdruck gebracht werden als in jener mit Verve vorgetragenen Antwort an eine ungarische Gutsbesitzerin, die sich über den von Kraus in der

Fackel abgedruckten *Büffelbrief* Rosa Luxemburgs lustig gemacht hatte:

Der Kommunismus als Realität ist nur das Widerspiel ihrer [der Besitzenden] eigenen lebensschänderischen Ideologie, immerhin von Gnaden eines reineren ideellen Ursprungs, ein vertracktes Gegenmittel zum reineren ideellen Zweck – der Teufel hole seine Praxis, aber Gott erhalte ihn uns als konstante Drohung über den Häuptern jener, so da Güter besitzen und alle anderen zu deren Bewahrung und mit dem Trost, dass das Leben der Güter höchstes nicht sei, an die Fronten des Hungers und der vaterländischen Ehre treiben möchten. Gott erhalte ihn uns, damit dieses Gesindel, das schon nicht mehr ein und aus weiß vor Frechheit, nicht noch frecher werde, damit die Gesellschaft der ausschließlich Genussberechtigten, die da glaubt, dass die ihr botmäßige Menschheit genug der Liebe habe, wenn sie von ihnen die Syphilis bekommt, wenigstens doch auch mit einem Alpdruck zu Bette gehe! (S 16, 138)

Dass es einige Jahre später zur Entfremdung zwischen Kraus und der Sozialdemokratie kam, hat mehrfache Gründe, von denen noch die Rede sein wird (S. 110 f.).

Im Januar 1919 stirbt auch der Freund Peter Altenberg (S. 27). Kraus widmet ihm ein Abschiedsgedicht. In der Rede an seinem Grab heißt es unter anderem:

Möchte deine lyrische Prosa […], möchte dein Mut, vor einem Kinde, vor dem Tier und der Pflanze, vor dem darbenden Herzen einer verstoßenen Menschheit ehrfürchtig zu verweilen – ein hoch- und schlechtfahrendes Geschlecht Bescheidenheit vor der Natur lehren! (Altenberg 2009, 477)

Am 7. März 1923 vollzieht Kraus schließlich amtlich jenen Kirchenaustritt, den er bereits im Herbst zuvor angekündigt hatte. Unmittelbarer Anlass war die *Jedermann*-Aufführung von Max Reinhardt und Hugo von Hofmanns-

»Ein Bettler ging von uns – wie sind wir arm« heißt es treffend in Kraus' als Gedicht gestalteten Nachruf auf Peter Altenberg (S 9, 311)

»Herr, gib uns unser täglich Barock!« und »… damit Ehre sei Gott in der Höhe der Preise« heißt es im Gedicht *Bunte Begebenheiten* (L 304–305).

thal, für die der Salzburger Erzbischof reklamewirksam die Kulisse zur Verfügung stellte. Der eigentliche Grund aber war die kompromittierende Rolle der Kirche im Ersten Weltkrieg, die Kraus nun folgendermaßen geißelt:

Ich weiß ja nicht, ob eine Kirche noch geschändet werden kann, die während eines Weltkriegs […] das Walten der giftigen Gase gesegnet und nach ihm die Muttergottes mit der Kriegsmedaille dekoriert hat. Wenn aber an dieser Kirche, aus der Gott schon ausgetreten sein dürfte, bevor sie den Welttheateragenten ihre Kulissen und den Komödianten ihren Weihrauch zur Verfügung stellte, wenn an dieser Kirche noch etwas zu schänden war, so dürfte es jener Altar sein, der den Herren Reinhardt, Moissi und Hofmannsthal […] als Versatzstück gedient hat, damit sie an ihm etwas verrichten, was ein blasphemer Hohn ist auf alle Notdurft dieser Menschheit. (S 16, 225–226)

An dieser Stelle sei vermerkt: Anlässe wie die zuvor geschilderten, die Teilnahme an einer Beisetzung oder der Weg zum Amt, den der Kirchenaustritt nötig machte, zwangen Kraus dazu, ausnahmsweise seine »verkehrte Lebensweise« aufzugeben, die darin bestand, dass er die Nacht zum Tag machte, das heißt die Nacht bis in die Morgenstunden durcharbeitete, bei anbrechendem Tageslicht zu Bett ging und erst abends zum Essen ausging, die Zeitungen las, um sich dann wieder die ganze Nacht über an den Schreibtisch zu begeben. Er selbst hat diesen recht eigenwilligen Rhythmus in der humorvollen Glosse *Lob der verkehrten Lebensweise* beschrieben (S 2, 167–168), und den seltenen Eindruck des Tageslichts, das er ausnahmsweise genoss, hat er lyrisch verarbeitet (*Wiedersehen des Tages*, S 9, 595).

In den Zwanzigerjahren betritt Kraus auch literarisch Neuland: Es entstehen seine »kleinen Dramen«, deren Qualität als abendfüllende Bühnenstücke recht unterschiedlich beurteilt wird (Hans Weigel bezeichnet sie gemessen an diesem Anspruch als »missglückt«: Weigel 1972, 225), die jedoch satirische Passagen höchster Qualität enthalten. Wichtiger als die Bühnenaufführungen der gesamten Dramen scheint mir deshalb deren Teilwiedergabe (etwa von Liedern, Couplets …) in Kraus' Vorlesungen zu sein. Erwähnt wurde bereits die »magische Operette« *Literatur oder Man wird doch da sehn*, mit der Kraus 1921 auf Werfels *Spiegelmensch* reagiert (S. 55) und die trotz der Gattungsbezeichnung gar nicht für eine Aufführung auf der Bühne gedacht ist. Wenn auch Werfels Polemik hier den unmittelbaren Anlass bildet, geht Kraus doch entscheidend darüber hinaus und liefert, wie schon in seiner Anfangszeit mit der *Demolierten Literatur*, eine satirische Demontage des literarischen Betriebs insgesamt. Stefan Zweig, Thomas Mann, Max Brod … kaum einer der bedeutenderen Zeitgenossen wird geschont. Es dürfte kaum eine trefflichere Parodie des Expressionismus zu finden sein als diese:

[…]
Gott ragt himmeldurch.
Ausgezackte Lichtung hämmert opalen.
Geballtes wuchtet.
Gestuftes tönt Besinnungsgipfel.
Morast steilt.
Schwester du!
Aufdunsten.
Rosenthal!
Und.

Bei seiner ersten Lesung dieses Dramas im März 1921 musste Kraus selbst so herzlich lachen, dass er mehrmals unterbrach.

Der Vater: No und?
Die Tochter: Gott wie geballt!
Erste Freundin: Gott wie gestuft!
Zweite Freundin: Gott wie gesteilt!
Dritte Freundin: Gott wie geklemmt! (S 11, 16–17)

Mit dem *Lied von der Presse*, das für sich bestehen kann und das Kraus auch immer wieder in seinen Lesungen vorträgt, enthält das Drama einen der bedeutendsten satirischen Texte von Kraus. Seine lebenslange Auseinandersetzung mit der Presse erhält hier ihre höchst konzentrierte Form in Gestalt einer Umkehrung der Schöpfungsgeschichte: »Im Anfang war die Presse und dann erschien die Welt …« (S 11, 57–5).

Das bekannteste seiner kleinen Dramen ist wohl *Wolkenkuckucksheim*, die Travestie eines antiken Vorbilds, nämlich der *Vögel* von Aristophanes. Mit der komödienhaften Verarbeitung antiker Motive knüpft Kraus an eine Tradition des alten Wiener Volkstheaters an. Kraus spielt hier gekonnt mit Redewendungen aus der Vogelwelt und satirischen Anspielungen auf Personen und Vorgänge seiner Zeit. So manchen Kalauer wie etwa den, dass von einem Patienten behauptet wird, seine größte Freud' sei es, ein Adler zu sein, mag man Kraus dabei gern verzeihen. Die Intention des Stücks, das bereits voller Vorahnung auf die kommenden dunklen Zeiten steckt, ist eine Verteidigung der noch schwachen und bald wieder infrage gestellten Republik, wie sie im Epilog der Lerche zum Ausdruck kommt:

> *Wir sind erwacht. Behüten wir das Glück.*
> *Wir träumten Macht. Wir leben Republik.*
> *[…]*
> *So heimzukehren, ist der größte Sieg;*
> *so stehn wir auf zum Schwur: Nie wieder Krieg!*
> (S 11, 203)

Das kürzeste und wohl auch am wenigsten bedeutsame dieser kleinen Dramen sei der Vollständigkeit halber erwähnt: *Traumtheater*. Wenig bedeutend auch deshalb, weil es allem Anschein nach hauptsächlich privat motiviert ist und auf die (nach einer Versöhnung 1921) neuerliche Trennung Sidonies von ihm reagiert. Damit nicht zu verwechseln allerding ist *Traumstück*, eine satirisch recht gelungene Traumfantasie, als dessen zentrales Stück das *Lied von den Psychoanalen* gelten kann. Auch das hat Kraus immer wieder gesondert vorgetragen.

Und schließlich sei noch das durchaus abendfüllende Drama *Die Unüberwindlichen* genannt. In leicht zu entschlüsselnder Form werden hier Protagonisten aus Presse, Politik und Finanzwelt parodiert. Das Stück ist allein deshalb bedeutend, weil es die zwei wichtigsten öffentlichen Auseinandersetzungen Kraus' thematisiert, die uns hier noch beschäftigen sollen: seinen erfolgreichen Kampf gegen den Erpresserjournalisten Imre Békessy und seine Auseinandersetzung mit dem Wiener Polizeipräsidenten Johann Schober (S. 110 ff.). Auch hier ist es eine Gesangseinlage aus dem Drama, das *Schoberlied*, das zu einem zentralen Bestandteil von Kraus' Leseabenden werden sollte.

»Ein einzelner Mensch kann einer Zeit nicht helfen oder sie retten, er kann nur ausdrücken, dass sie untergeht.« Mit diesem Kierkegaard-Zitat leitet Kraus die Lesung der *Unüberwindlichen* ein.

Mitte der Zwanzigerjahre wird man in Frankreich auf Karl Kraus aufmerksam. Aufgrund seiner Haltung zum Krieg nimmt man ihn als authentischen Vertreter des neuen Österreich wahr. Im Jahr 1925 lädt ihn die Pariser

Sorbonne zu drei Vortragsabenden ein. Charles Schweitzer, einer der Organisatoren, schildert die Begeisterung der Zuhörerschaft:

Von einem Abend zum anderen verdoppelte, ja verdreifachte sich die Zuhörerschaft, sodass für den dritten Abend das Amphitheater Michelet nicht mehr ausreichte und wir in den Saal Turgot umziehen mussten. Jedes Mal war dies für den Vortragenden mehr als ein Erfolg: Die Beifallskundgebungen wollten nicht enden. (F 686–690, 38)

Im darauffolgenden Jahr liest Kraus wiederum an drei Abenden aus eigenen Schriften (*Traumtheater*) sowie aus Shakespeare, Offenbach, Gogol, Hauptmann und Wedekind. Am 9. Dezember 1927 liest er abermals auf Einladung der Sorbonne in Paris, diesmal Teile aus den *Letzten Tagen der Menschheit*. Als Einleitung spricht er jenen berühmten Text, der seine kosmopolitische Haltung zum Ausdruck bringt: *Der Vogel, der sein eigenes Nest beschmutzt*. Den Vorwurf des Nestbeschmutzers aufgrund seiner Haltung zum Krieg retourniert er elegant, indem er sich selbst als den »Vogel« bezeichnet, »den sein Nest beschmutzt«, und mit jeglicher Art von Patriotismus geht er folgendermaßen ins Gericht:

Ich behaupte, dass im Krieg jeder geistige Mensch ein Hochverräter an der Menschheit war, der nicht gegen sein eigenes kriegführendes Land aufgestanden ist […]. Ich behaupte, dass das Schauspiel ausgedienter Kriegslyriker und Speichellecker der eigenen Kriegsgewalt, die da nach Friedensschluss ins Feindesland kommen, um die schmierige Hand den Völkern entgegenzustrecken, die Hand, die mit Tinte das Blut gemehrt hat – ich behaupte, dass diese Wendung der Völkerverbrüderer noch weit schandvoller ist als ihre Wirksamkeit im Krieg […]. Soll man dem nationalen Kretinismus ernsthaft auch noch über Prozesse der geistigen Natur Rechenschaft ablegen? Wenn er es hören will, so empfange er das Bekenntnis, dass ich kein anderes Vaterland habe als meinen Schreibtisch … (F 781–786, 3–4)

Insgesamt dreimal wird Karl Kraus, unter anderem aufgrund der Initiative des Germanisten Charles Andler, für den Literaturnobelpreis vorgeschlagen, mit der Zusatzbemerkung, dass auch der Friedensnobelpreis angemessen erschiene. Auch wenn sich die schwedische Akademie schließlich anders entschied, zeigen doch die entsprechenden Bemühungen von französischer Seite, welches Maß an Anerkennung Kraus und seinem Werk hier zuteilwurde.

Elias Canetti erwähnte in seiner Dankesrede vier Österreicher, die neben ihm den Literaturnobelpreis verdient hätten, an erster Stelle Karl Kraus.

In Kraus' Vortragsabenden treten die Lesungen »aus eigenen Schriften« immer mehr in den Hintergrund. Seit 1925 nennt er diese Leseabende selbst »Theater der Dichtung«, und im Mittelpunkt stehen nun Lesungen aus den Werken seiner literarischen Leitsterne: Shakespeare, Goethe, Nestroy und Offenbach. Die Bühnenwelt Shakespeares steht ihm so lebendig vor Augen, dass sich ihm immer wieder Parallelen zur Gegenwart aufdrängen. In seinen letzten Jahren unternimmt er es sogar – trotz lediglich rudimentärer Englischkenntnisse –, dessen Sonette selbst zu übertragen.

Johann Nestroy widmete Karl Kraus fast hundert seiner insgesamt siebenhundert Leseabende. Neben seiner bereits ausführlich besprochenen Nestroy-Feier (S. 65) ist besonders der Nestroy-Zyklus aus dem Jahr 1923 hervorzuheben.

Vor allem aber kommt es in den Zwanzigerjahren zu einer intensiven Hinwendung zu Offenbach, mit der Kraus an seine beglückenden Theatererlebnisse in seiner Jugend anknüpft. Kraus interpretiert Offenbach nicht nur in Wort und Gesang auf der Bühne, sondern leistet Bearbeitungen seiner Operetten und betätigt sich ab 1930 als Regisseur für Rundfunkübertragungen in Berlin, Wien und Prag. Von Franz Mittler am Klavier begleitet, singt Kraus, der selbst keine Noten lesen kann, Arien aus Offenbachs Werken. Ohne eine Partitur verstehen zu können, ist Kraus sehr wohl in der Lage, korrekt nachzusingen, was ihm sein Pianist vorspielt. Er trifft jedoch nicht nur die Töne, vielmehr bescheinigen ihm die damaligen kundigen Zuhörer eine beachtliche stimmliche Modulationsfähigkeit. Darüber hinaus boten ihm die Werke Nestroys und Offenbachs immer wieder die Gelegenheit der Ergänzung der Couplets durch sogenannte Zeitstrophen, also Zusatzstrophen, die anknüpfend an das Original aktuelle Anlässe aufgriffen. Wenigstens ein Beispiel sei hier wiedergegeben: Der italienische Dirigent Arturo Toscanini hatte sich geweigert, Mussolinis faschistische Hymne »Giovanezza« zu intonieren, was ihm danach schwere Misshandlungen eintrug. In einem Couplet aus Offenbachs *Blaubart* heißt es: »Höfling muss mit krummem Rücken immer sich noch tiefer bücken …« Dem fügt Kraus nun die folgende Zeitstrophe hinzu:

Mussolini, er verzieh nie,
wenn ihm einer nicht pariert.
Und doch hat der Toscanini
nie die Hymne aufgeführt.
Weil er ganz anders dirigiert.

Rüpel schlugen seinen Rücken,
mit dem Stock schlug man den Rücken,
weil er sich nicht wollte bücken,
mit dem Stabe sich nicht bücken.
Ehre dem, dem sie gebührt!
(zit. nach Weigel 1972, 311)

Für Kraus ist Offenbachs Opera buffa eine der besten Schulen der Vorstellungskraft: Das Märchenhafte und die die Handlung bestimmende Logik des Traums erschließen den Hörern das Reich der Fantasie jenseits der Rationalität des wirklichen Lebens im Gegensatz zum psychologischen Realismus der zeitgenössischen Wiener

Operette eines Lehár, Millöcker, Kálmán oder Suppè, für die Kraus nur Verachtung übrig hatte und deren flachen Witz er in seinem Essay *Grimassen über Kultur und Bühne* (S 2, 141–156) seiner Kritik aussetzt. Ihre Sentimentalität steht für ihn in scharfem Kontrast zum urtümlichen Humor und zum satirischen Spott bei Offenbach. In seinem Gedicht *Operette* bringt Kraus selbst am besten zum Ausdruck, was er bei Offenbach zu finden gemeint hat:

> *Mehr Logik will ich, als die Welt kann fassen;*
> *drum leb ich lieber, wo sie fehlt: im Traum*
> *Am Tag jedoch wehrt ihr die Welt den Raum*
> *und just den Traum will sie ihr überlassen.*
>
> *[…]*
>
> *Das Chaos ohne die Kausalität!*
> *Die Bühne wär' es, die ich lang entbehre*
> *und die die Welt nicht träumt: die Operette.* (S 9, 585)

Die irreale Welt der Bühnenstücke Offenbachs ermöglicht dem Zuschauer eine kritische Distanz zur Realität. Deshalb fügen sich die zeitkritischen Zusatzstrophen zu den Couplets natürlich und nahtlos in diese Kunstform ein. Offenbach selbst versteht es, ähnlich wie Nestroy, die Legitimität der gesellschaftlichen Hierarchien zu hinterfragen, sich über die Großen der Welt, die hochrangigen Militärs und die Besitzbürger lustig zu machen sowie die Macht der weiblichen Erotik zu feiern. Das ist von grundsätzlich anderer Art als das »Land des Lächelns« und der »Walzertraum«. Kein Geringerer als Walter Benjamin bezeugt im Anschluss an eine Offenbach-Lesung von Kraus, wie sich in dessen Vortrag der Eindruck von der Kongenialität zwischen dem Musikdramatiker Offenbach und dem Satiriker Kraus einstellt:

Offenbachs Werk erlebt eine Todeskrisis. Es zieht sich zusammen, entledigt sich alles Überflüssigen, geht durch den gefährlichen Raum dieses Daseins hindurch, und kommt, gerettet, wirklicher als vordem, wieder zum Vorschein. Denn wo diese wetterwendische Stimme laut wird, fahren die Blitze der Lichtreklamen und der Donner der Métro durch das Paris der Omnibusse und Gasflammen. Und das Werk gibt ihm dies alles zurück. Denn auf Augenblicke verwandelt es sich in einen Vorhang, und mit den wilden Gebärden des Marktschreiers, die den ganzen Vortrag begleiten, reißt Kraus diesen Vorhang beiseite und gibt den Blick in sein und unser aller Schreckenskabinett mit einmal frei, auf Schober und Bekessy … (Benjamin 1972, 516–517)

Benjamin spielt damit auf die zwei großen Auseinandersetzungen an, die das öffentliche Wirken Karl Kraus' in den Zwanzigerjahren bestimmen sollten.

Imre Békessy war aus Ungarn nach Österreich emigriert, um sich der strafrechtlichen Verfolgung wegen verschiedener Betrugs- und Erpressungsdelikte zu entziehen, und erlangte aufgrund seiner Beziehungen bald das »Heimatrecht«. Mithilfe zweier Finanzspekulanten, Siegmund Bosel und dem aus Triest stammenden Camillo Castiglioni, die im Krieg (erstgenannter war Stoffhändler und Armeelieferant) und durch die Inflation zu kaum vorstellbaren Reichtümern gelangt waren, baute Békessy in Wien ein kleines Zeitungsimperium auf. Es bestand aus der Tageszeitung *Die Stunde*, der Wochenzeitung *Die Börse* und noch einem dem Kulturleben gewidmeten Blatt namens *Die Bühne*. *Die Börse* diente durchaus nicht nur der Information über das Wirtschaftsgeschehen; ihre Berichterstattung, die auch vor eindeutigen Falschmeldungen nicht zurückscheute, sollte die Aktienkurse im Sinne der Geldgeber beeinflussen. Mit der Tageszeitung *Die Stunde* wurde Békessy zu einer Art Pionier des Boulevardjournalismus, der sich durch einen hohen Bildanteil und die Sensationsgier befriedigende Skandalgeschichten (»Gesellschaftsreportagen«) auszeichnete. Die Einführung neuer Rubriken, von Sportnachrichten bis zum

Kreuzworträtsel, kann man durchaus als innovativ bezeichnen. Vor allem aber beruhte Békessys Geschäftsmodell auf einem Vorgehen, das durchaus vergleichbar mit Schutzgelderpressung war: Er legte etwa Geschäftsleuten bereits druckfertige unvorteilhafte Artikel vor und bot ihnen an, von einer Veröffentlichung abzusehen, falls sie bereit wären, zu überhöhten Preisen Inserate in Auftrag zu geben oder auf andere Weise Geldzahlungen zu leisten. Der Begriff »Revolverjournalismus« hat hier seinen Ursprung. Nicht zuletzt, weil *Die Stunde* inhaltlich eine durchaus fortschrittliche liberale Linie verfolgte und sich auch linken gesellschaftlichen Vorstellungen gegenüber aufgeschlossen zeigte – Békessy hatte in Ungarn immerhin Béla Kuns Räteregierung angehört –, erfreute sich das Blatt auch der wohlwollenden Duldung durch die Sozialdemokratie. Békessy gelang es, sich das Image des investigativen Enthüllungsjournalisten zuzulegen und seine unsauberen Praktiken dahinter zu verbergen. Nicht nur die direkten Opfer zogen es vor zu schweigen, es war ihm auch gelungen, die anderen Zeitungen weitgehend einzuschüchtern. Dem in jeder Hinsicht unabhängigen Karl Kraus jedoch war mit dieser Erpressertour nicht beizukommen. Er griff Békessy schonungslos an. Békessy startete daraufhin eine Diffamierungskampagne, die auch vor Kraus' Privatsphäre nicht Halt machte. Er sparte nicht mit Beleidigungen gegen Kraus' bereits verstorbenen Vater und etliche seiner Brüder, er veröffentlichte ein zur Karikatur umgefälschtes Familienfoto, und alte Gegner von Kraus wie etwa Felix Salten, vor allem aber Anton Kuh, ein damals einflussreicher Journalist, Essayist und Erzähler, lieferten bereitwillig Materialien und leisteten Handlangerdienste. Kraus ließ sich in seinem Kampf nicht beirren, den er nicht nur publizistisch führte – insgesamt acht große Beiträge zu Békessy sollten in der *Fackel* erscheinen –, sondern auch auf juristischer Ebene. Sein Anwalt Oskar Samek stellte in seinem Auftrag in Ungarn umfangreiche Recherchen über Békessy an. Im

Gegen Kuhs Polemik *Der Affe Zarathustras* klagte Kraus erfolgreich, woraufhin Kuh nach Berlin flüchtete, um sich der Strafe zu entziehen.

Zuge seiner Kampagne gegen Kraus druckte *Die Stunde* unter der Überschrift *Wos will er?* einen Text von Kraus ab, dessen Sinn sich leseungeübten und stilistisch Schlichteres gewohnten Lesern nicht auf Anhieb erschloss. Kraus' brillant verfasste Antwort darauf endete mit dem Satz: *Hinaus aus Wien mit dem Schuft! Dos will er!* (F 691–696, 40) Diese Losung wurde bald allseits aufgegriffen und erzeugte eine allgemeine Stimmung, die schließlich wesentlich zur Flucht Békessys aus Wien beitragen sollte. Inzwischen hatten aber auch einige Opfer von Békessys Erpressung den Mut gefunden, an die Öffentlichkeit zu gehen. Mit Andeutungen über eine angebliche pädophile Neigung des Chefredakteurs der *Arbeiter-Zeitung*, Friedrich Austerlitz, war Békessy schließlich auch der Sozialdemokratie eindeutig zu weit gegangen, und sie war nicht mehr bereit, ihm Schonung angedeihen zu lassen. Der Boden wurde ihm zu heiß, und er entsprach mit seiner Flucht nach Paris schließlich Kraus' Forderung. Damit war Karl Kraus durchaus ein handgreiflicher Erfolg beschieden. Gegenüber dem Sumpf an Korruption, der sich mit Békessy offenbart hatte, attestierte Kraus sogar seinem alten Gegner, der *Neuen Freien Presse*, ein gewisses Maß an Honorigkeit und Seriosität.

Als Kraus am 25. Juni 1925 seinem Text *Entlarvt durch Békessy* vorliest, skandieren die 900 Zuhörer laut: »Hinaus aus Wien mit dem Schuft!«

Die lange Duldung Békessys durch die Sozialdemokratie und deren mangelnder Beistand in seinem Kampf führten schließlich – zusammen mit einer Novellierung des Pressegesetzes, die Kraus durchweg als unzureichend empfand – zum Bruch mit der Partei, der Kraus seit dem Ende des Krieges eng verbunden war. Dass diese Entfremdung keineswegs aber sein Verhältnis zur Arbeiterschaft selbst trübte, demonstriert sein entschlossenes öffentliches Vorgehen gegen Johann Schober. Während des Krieges hatte Schober schützend die Hand über Kraus gehalten, hatte zwischenzeitlich mehrere politische Ämter bekleidet – später sollte er für kurze Zeit auch Bundeskanzler werden – und war nun wieder Wiener Polizeipräsident.

In Österreich kam es – den Freicorps in Deutschland vergleichbar – nach dem Krieg zur Bildung von rechtsgerichteten paramilitärischen Verbänden, die in ihrer Gesamtheit die *Heimwehr* bildeten. Der republikanische *Schutzbund* war die Reaktion der Arbeiterschaft und der Sozialdemokratie auf diese bewaffnete Gefahr von rechts. Im Januar 1927 kam es im kleinen burgenländischen Ort Schattendorf nahe der ungarischen Grenze zu einer verhängnisvollen Schießerei, die unter der Bezeichnung »Schattendorfer Ereignisse« in die Geschichte der Ersten Republik eingehen sollte. Die *Frontkämpfervereinigung* hatte sich in einem Wirtshaus versammelt, und dem Schutzbund war es zunächst gelungen, die Demonstrationen der Rechten zu verhindern. Am Nachmittag drangen einige sozialdemokratische Demonstranten in den Hof der Gaststätte ein, aus einem Fenster fielen Schüsse, und neben einigen Verletzten kam es zu zwei Todesopfern: Ein Kriegsinvalide und ein Kind erlagen ihren Verletzungen. Anlässlich der Beisetzung der beiden Opfer legte ein Generalstreik ganz Österreich für eine Viertelstunde lahm. Die drei Schuldigen konnten schließlich dingfest gemacht und vor Gericht gestellt werden. Verteidigt wurden sie von Walter Riehl, einem führenden österreichischen Nationalsozialisten. Nachdem die erforderliche Zweidrittelmehrheit des Schwurgerichts nicht zustande gekommen war, erfolgte ein Freispruch der Mörder, der eine Welle der Empörung bei den Arbeitern auslöste. Die sozialdemokratische Parteileitung unter Führung Otto Bauers konnte sich auf keine gemeinsame Linie verständigen und keine Orientierung vorgeben. Die Wiener Arbeiter traten daraufhin am 15. Juli für eine Stunde in den Streik, legten den öffentlichen Verkehr lahm und marschierten zunächst in Richtung Parlament und dann auf den Justizpalast zu. Etlichen Demonstranten gelang es, einzudringen, Mobiliar zu zertrümmern, Akten aus dem Fenster zu schmeißen und schließlich Feuer zu legen. Den Feuerwehrautos wurde der Zugang versperrt. Die von der eigenen Basis überrumpelte sozialdemokratische Parteileitung forderte nun den Bundeskanzler Ignaz Seipel auf, eine neue Regierung unter ihrer Beteiligung zu bilden. Dieser lehnte ab und autorisierte stattdessen den Wiener Polizeipräsidenten, den Schießbefehl gegen die Demonstranten zu erteilen, dessen Folgen fatal waren: Berittene Polizei schoss nachweislich auf Fliehende, es kam zu insgesamt 89 Todesopfern (darunter vier Polizisten) und zu mehr als tausend Verletzten. Dieses Massaker kann rückblickend als Auftakt zum späteren österreichischen Bürgerkrieg im Februar 1934 und zum sogenannten Austrofaschismus, also einer autoritären Regierung unter Ausschluss des Parlaments, gesehen werden. Wie traumatisch dieses Ereignis wirkte, davon zeugt nicht zuletzt die zeitgenössische Literatur, etwa Heimito von Doderers großer Gesellschaftsroman *Die Dämonen*, in dessen Zentrum der 15. Juli 1927 steht.

»Dass ich aufs Amt nicht verzicht', das gebietet die Pflicht«, heißt es im »Schoberlied« aus *Die Unüberwindlichen.*

Karl Kraus entschließt sich nun zu einem ungewöhnlichen Schritt. Gestützt auf sein Renommee als einer der bekanntesten Intellektuellen Österreichs, lässt er in ganz Wien Plakate anbringen, auf denen er den Polizeipräsidenten zum Rücktritt auffordert. Die Wirkung dieses Plakats auf die damaligen Zeitgenossen schildert kein Geringerer als Elias Canetti in seinem autobiografischen Buch *Die Fackel im Ohr*:

Die Verzweiflung, unmittelbar nach dem 15. Juli, eine Art Lähmung durch Entsetzen […], hielt während sechs oder sieben Wochen vor, bis in den Anfang des Septembers. Das Plakat von Karl Kraus, das um diese Zeit angeschlagen wurde, hatte die Wirkung einer Katharsis und erlöste mich von dieser Lähmung. (Canetti 1980, 284)

Inzwischen hatte Kraus auch ein neues Instrument der Satire entwickelt: Er nutzt seine geschäftliche Korrespondenz, die er stets mit »Der Verlag Die Fackel« unterzeichnet und die er schließlich für die Veröffentlichung

An den Polizeipräsidenten von Wien

JOHANN SCHOBER

Ich fordere Sie auf, abzutreten.

KARL KRAUS
Herausgeber der Fackel

Das Schober-Plakat: eine direkte politische Intervention des Satirikers

redigiert (vgl. den Band *Mit vorzüglicher Hochachtung*, W 10), für sein satirisches Wirken. So erläutert er im Briefwechsel mit der Steueradministration die Frage, inwiefern seine Plakataktion gegen Schober seine der Steuer unterliegende berufliche Wirksamkeit betreffen und deren Kosten deshalb geltend zu machen seien (W 10, 243–245). Auch über die Briefe des »Verlags Die Fackel« hinaus setzt er das satirische Stilmittel der veröffentlichten Korrespondenz ein. Wenigstens ein Beispiel sei hier zur Illustration angeführt: Zwei sowjetrussische Zeitschriften lancierten einen Rundbrief, in dem sie bekannte Persönlichkeiten des Kulturlebens, darunter auch Karl Kraus, baten, zur Frage Stellung zu nehmen: »Welcher Art sind Ihrer Auffassung nach die Auswirkungen und Folgen der russischen Revolution 1917 für die Weltkultur?« Erbeten wird eine Antwort in »zehn bis zwanzig Druckzeilen«, »wenn möglich mit Ihrem Bild und Autogramm«, »bis spätestens 10. Oktober …« Kraus wird auf seine Weise dieser Anfrage gerecht, und dies sogar termingerecht:

Sehr geehrter Herr Gakin!
Die Auswirkungen und Folgen der russischen Revolution für die Weltkultur bestehen meiner Auffassung nach darin, dass die hervorragendsten Vertreter auf dem Gebiete der Kunst und Literatur von den Vertretern der russischen Revolution aufgefordert werden, in zehn bis zwanzig Druckzeilen, wenn möglich mit ihrem Bild und Autogramm, das gleichzeitig veröffentlicht wird, also ganz im Geiste des vorrevolutionären Journalismus, ihre Auffassung von den Auswirkungen und Folgen der russischen Revolution für die Weltliteratur bekanntzugeben, was sich manchmal tatsächlich in vorgeschriebenen zehn bis zwanzig Druckzeilen durchführen lässt.

Hochachtungsvoll … (L 316)

Dem Prälaten Seipel, Kanzler und zugleich ein hoher Würdenträger der katholischen Kirche, der die Instinktlosigkeit besaß, Johann Schober nach dem Massaker an der Arbeiterschaft als ein »Bollwerk der Republik« zu bezeichnen, widmet Kraus die ganze Nummer der *Fackel* vom Oktober 1927.

Der Horizont beginnt sich zu verdüstern, und die Vorboten der bevorstehenden dunklen Zeiten machen sich bemerkbar. Die Hoffnungen des Neuaufbruchs nach dem Untergang der Monarchie weichen auch bei Kraus einer immer stärkeren Skepsis. Entsprechend verhalten fällt auch sein Geburtstagsgruß zum achten Jahrestag der Republik Österreich aus:

Die Republik soll ich zum Geburtstag feiern?
Dass wir sie haben, ihr beteuern?
Sie ist jetzt im Alter von acht Jahren.
Ich kannte Kinder, die begabter waren.
Es bleibt wohl die beste von ihren Gaben:
dass wir keine Monarchie mehr haben. (S 9, 570)

»DAS WORT ENTSCHLIEF, ALS JENE WELT ERWACHTE ...«

Wenn mir nun von den Würdenträgern mit so viel Unrecht nachgesagt wird, dass ich immer alles niederreiße, so sind sie doch wieder zuweilen so gerecht, die Aussichtslosigkeit meiner Bestrebungen zuzugeben, ja zu bespötteln ... (F 827–833, 120)

1929, im Jahr des großen Börsencrashs und der darauffolgenden Weltwirtschaftskrise, die sich dann als Brandbeschleuniger der politischen Entwicklung erweisen sollte, feiert die *Fackel* ihr dreißigjähriges Bestehen – für Kraus Anlass genug, Bilanz zu ziehen über sein satirisches Wirken. Er tut dies vor allem in seinem Essay *Im dreißigsten Kriegsjahr* (S 18, 9–48), in dem die großen Themen seines satirischen Wirkens noch einmal anklingen.

Ende der Zwanziger- und Anfang der Dreißigerjahre verbringt Kraus wieder viel Zeit in Berlin, wo auch die Auseinandersetzung mit Alfred Kerr wieder aufflammen sollte. Am 27. März liest er in Berlin aus Offenbachs *Pariser Leben*, und im Januar 1932 kommt es zu seiner hundertsten Berliner Vorlesung, die er dem Andenken Frank Wedekinds widmet. Vor allem aber entwickelt sich ein erstaunlich freundschaftliches Verhältnis zum wesentlich jüngeren Bert Brecht – erstaunlich deshalb, weil Kraus und Brecht sowohl politisch wie auch ästhetisch aus sehr entfernten Sphären kommen. Elias Canetti charakterisiert das Verhältnis beider folgendermaßen: Kraus behandle Brecht »mit Liebe, als wäre er sein Sohn [...] das junge Genie – sein *erwählter* Sohn« (Canetti 1980, 229). Die Annäherung hat anfangs auch etliche Hindernisse zu überwinden. Brechts *Dreigroschenoper* ist es schließlich, die Kraus' Interesse am deutschen Dramatiker weckt. Das mit den Liedern Kurt Weills gestaltete Bühnenstück betrachtet Kraus als Erneuerung des Musiktheaters in ähnlicher Weise, wie für ihn Offenbach die Opera buffa neu erfunden hat.

»... der einzige deutsche Autor, der heute in Betracht zu kommen hat«: Bert Brecht

Zum berühmten Eifersuchtsduett zwischen Lucy und Polly soll der den Proben beiwohnende Kraus selbst eine Strophe beigetragen haben. Unter dem Einfluss von Brecht beginnt sich Kraus für experimentelles Avantgarde-Theater und das neue Medium Radio zu interessieren. Bert Brecht, der als Sozialist auch zu geistigem Eigentum bekanntlich ein eher entspanntes Verhältnis hatte, hatte in einem Liedtext der *Dreigroschenoper* ohne Namensnennung des Übersetzers etliche ins Deutsche übertragene Verse von François Villon übernommen, und ausgerechnet Alfred Kerr deckte dieses Plagiat auf. Der in solchen Angelegenheiten ansonsten unerbittlich strenge Karl Kraus verteidigt Brecht nun mit den Worten:

Im kleinen Finger der Hand, mit der er fünfundzwanzig Verse der Ammer'schen Übersetzung von Villon genommen

hat, ist dieser Brecht originaler als der Kerr, der ihm dahintergekommen ist … (W 4, 404)

Im Januar 1932 nimmt Kraus, von Kurt Weill selbst am Klavier begleitet, Auszüge aus Brechts *Aufstieg und Fall der Stadt Mahagonny* ins Programm auf. Seine Vorrede dazu bringt sein Verhältnis zu Brecht präzise auf den Punkt:

Der Vortrag aus Bert B r e c h t, mit dem weder eine Übernahme seines Weltbildes noch seines Begriffes vom Theater beabsichtigt ist, erfolgt aus mehrfachen Gründen. Der maßgebendste dürfte wohl der sein, dass ich ihn für den einzigen deutschen Autor halte, der ein Zeitbewusstsein, dessen Ablehnung als »asphalten« gar nicht so uneben ist, aus der Flachheit und Ödigkeit, die die beliebten Reimer der Lebensprosa verbreiten, zu Gesicht und Gestalt emporgebracht hat. (F 868–872, 36)

Brecht empfiehlt den »sterbenden Soldaten« aus den *Letzten Tagen der Menschheit* für die Lesebücher der DDR.

Im März 1933, nachdem Hitler Reichskanzler geworden war, setzt sich Brecht zusammen mit Helene Weigel zunächst nach Wien, Weigels Heimatstadt, ab. Kraus empfängt die beiden und kommentiert das politische Geschehen mit schwarzem Humor: »Die Ratten betreten das sinkende Schiff.« (Le Rider 2018, 429)

Die Aufenthalte in Deutschland haben Kraus wohl auch den Blick für die drohende Gefahr geschärft. Kraus, der bereits im Jahr 1923 vor Hitler gewarnt hatte, ist fassungslos angesichts der Tatsache, dass die österreichische Sozialdemokratie, irregeleitet von der Illusion einer möglichen Stärkung der Arbeiterbewegung, immer noch an der Idee des Anschlusses festhält. Seine Entfremdung von der Partei vertieft sich, zumal auch sein Freund Friedrich Austerlitz, der in Kraus' Augen dem Verfall der Partei nur noch ohnmächtig zusehen konnte, inzwischen verstorben war. Voller Bitterkeit leitet er seinen grundsätzlichen Essay *Hüben und drüben* mit den Worten ein:

Und wenn die Welt voll Hakenkreuzler wär' – an deren Erschaffung ja der Sozialdemokratie, hüben und drüben, das Hauptverdienst gebührt –: wir müssen uns endlich klar werden, dass es, seitdem sich Menschheit von Politik betrügen lässt, nie ein größeres Misslingen gegeben hat als das Tun dieser Partei, und dass die Entehrung sämtlicher Ideale, die sie benützt haben, um mit der Bürgerwelt teilen zu können, vollendet ist. (S 18, 165)

Wie bereits vor dem Ersten Weltkrieg verschlägt es Kraus zunächst angesichts des Ungeheuerlichen die Sprache. Wie damals schweigt der wortgewaltige Satiriker und setzt sich damit dem Unverständnis seiner Anhänger und dem Hohn seiner Gegner aus. Im Oktober 1933 erschien schließlich eine nur vier Seiten umfassende Nummer der *Fackel*. Neben einer Grabrede für Adolf Loos enthielt sie jenes zehnzeilige Gedicht, mit dem Kraus sein Schweigen zu begründen versuchte:

Man frage nicht, was all die Zeit ich machte.
Ich bleibe stumm;
und sage nicht, warum.
Und Stille gibt es, da die Erde krachte.
Kein Wort, das traf;
man spricht nur aus dem Schlaf.
Und träumt von einer Sonne, welche lachte.
Es geht vorbei,
nachher war's einerlei.
Das Wort entschlief, als jene Welt erwachte.
Alles ist zu Ende.
Alles ist gesagt. (F 888, 4)

Die Resignation der Sprache vor der Ungeheuerlichkeit des Geschehens könnte kaum eindrücklicher formuliert sein. Angesichts dieser Selbsterklärung kann man den Anwürfen seiner Gegner, die dem großen Satiriker unterstellten, er habe aus persönlichen Rücksichten eine

Stellungnahme vermieden, nur mit Unverständnis begegnen.

Anlässlich von Kraus' sechzigstem Geburtstag im Jahr 1934 widmeten enge Freunde und Verehrer ihm eine kleine Broschüre, für die auch Bert Brecht einen Beitrag leistete. Auf das Gedicht, mit dem Kraus sein Schweigen zu erklären versucht hatte, reagiert er folgendermaßen:

> *Als das dritte Reich gegründet war*
> *kam von dem Beredten nur eine kleine Botschaft.*
> *in einem zehnzeiligen Gedicht*
> *erhob sich seine Stimme, einzig um zu klagen*
> *dass sie nicht ausreiche.*
>
> *[…]*
>
> *Als der Beredte sich entschuldigte*
> *dass seine Stimme versage*
> *trat das Schweigen vor den Richtertisch*
> *nahm das Tuch vom Antlitz und*
> *gab sich zu erkennen als Zeuge.* (zit. nach Weigel 1972, 334)

In einem späteren Gedicht distanziert sich Brecht von seiner Parteinahme für Kraus.

Was damals allerdings kaum jemand wusste: Von April bis Oktober 1933 hatte Kraus eine umfangreiche Auseinandersetzung mit dem Nazi-Regime geleistet, die ursprünglich als Nummer der *Fackel* vorgesehen war. Sie beginnt mit dem legendären Satz: »Mir fällt zu Hitler nichts ein«, auf den dann immerhin etwa dreihundert Seiten folgen. *Die dritte Walpurgisnacht* nennt Kraus diesen satirischen Bewältigungsversuch. Im Schlussabsatz seines *Nachrufs* hatte er bereits auf Goethes Ballade angespielt (S. 6, 291). Der Erste Weltkrieg, das zweite Walpurgis nach dem von Goethe beschriebenen, erfährt nun noch einmal eine Überbietung. Nach seinem einleitenden Satz erörtert Kraus das Problem der Satire, deren blutigste Metaphern von der Realität selbst eingeholt werden, und legt dann an eben diese Realität das satirische Seziermesser an. Das Material, aus dem Kraus schöpft, sind allgemein zugängliche Quellen, in der Hauptsache Zeitungsberichte aus Deutschland und dem nichtdeutschen Ausland, aus denen er den wahren Charakter des Regimes ableitet. Kraus straft damit all jene Lügen, die sich nach dem Krieg darauf berufen haben, man hätte darum nicht gewusst und nicht wissen können. Und: Kraus erledigt hier satirisch so manchen geistigen Wegbereiter oder Mitläufer unter den Intellektuellen, von denen etliche nach dem Krieg unbeschadet ihrer Regimenähe wieder hohe Reputation genossen, wie Gottfried Benn oder Martin Heidegger. Und wiederum ist es die Methode des entlarvenden, knapp kommentierten Zitats, mit dem Kraus dies gelingt – so etwa, wenn er nach der ausführlichen Wiedergabe eines jener bekannten dunklen, verquasten Sätze Heideggers bloß den Nachsatz hinterherschickt, er habe es immer schon geahnt, dass ein böhmischer Schuster dem Sinn des Lebens näher stünde als ein neudeutscher Denker.

Kraus ließ schließlich den bereits angelaufenen Druck dieser Nummer der *Fackel* stoppen – keineswegs aus persönlichen Rücksichten, die er ja 1933 als Österreicher ohnehin nicht zu nehmen brauchte. Seine Hauptsorge war, dass er seine Leser und Leserinnen im Deutschen Reich mit dieser Schrift in Gefahr bringen könnte. Wiederum zeigt sich hier, wie sehr es Kraus jenseits aller öffentlichen Wirksamkeit um das individuelle Schicksal des Einzelnen ging. Das belegt ja auch der Inhalt des Werkes selbst, das den von den neuen Machthabern und dem braunen Pöbel gequälten Menschen in bewegenden Zeugnissen ein Denkmal setzt. Heinrich Fischer berichtet, Kraus habe ihm gegenüber den Stopp des Drucks mit etwa folgenden Worten gerechtfertigt: »Das Buch enthält unter anderem eine Darstellung der ›Mentalität‹ des Propagandaministers. Es kann geschehen, dass dieser, wenn er meine Sätze vor Augen bekommt, aus Wut fünfzig Juden von Königsberg in die Stehsärge eines Konzentrationslagers bringen lässt. Wie könnte ich das verantworten?« (in: Kraus 1967, 308).

Nach dem »Anschluss« Österreichs im Jahr 1938, den Kraus nicht mehr erlebte, war es sein Anwalt Oskar Samek, der die Druckfahnen in die sichere Schweiz verbrachte. Ihm ist es also zu verdanken, dass dieses außerordentliche Zeitdokument erhalten geblieben ist und nach dem Krieg erscheinen konnte. Im Gesamtbild des satirischen Wirkens des Karl Kraus würde Wesentliches fehlen, wäre uns seine Auseinandersetzung mit dem »Dritten Reich« nicht überliefert worden.

»Ein armes Volk hebt beschwörend die Rechte empor zu dem Gesicht, zu der Stirn, zu der Pechsträhne: Wie lange noch!« So heißt es am Schluss der *Dritten Walpurgisnacht*.

Dass die Verhinderung eines Anschlusses Österreichs für Kraus nun oberste Priorität war, der gegenüber alle anderen Gesichtspunkte zurückzutreten hatten, lässt sich leicht nachvollziehen. Bei Kraus allerdings hatte dies auch die Konsequenz einer vorbehaltlosen Verteidigung des Dollfuß-Regimes, das tatsächlich außenpolitisch mit aller Kraft – wenn auch mit ungeeigneten Mitteln – eine Eingliederung ins Deutsche Reich verhindern wollte, das aber selbst autoritäre und repressive Züge hatte und die Bezeichnung »Austrofaschismus« durchaus verdiente. Der große politische Irrtum des Karl Kraus, der schließlich zur Distanzierung vieler seiner treuesten Anhänger führte, war, dass die Verteidigung der Außenpolitik des Regimes in eine recht befremdliche Dollfuß-Verehrung umschlug, die ihn offensichtliche Verbrechen rechtfertigen, verharmlosen und leugnen ließ. Aus dem durchaus verständlichen Eintreten für das »kleinere Übel« wurde blinde Gefolgschaft. Zum Verständnis sei der politische Hintergrund kurz skizziert:

Der konservative Bundeskanzler Engelbert Dollfuß, der seine Macht unter anderem auf die paramilitärische Formation *Heimwehr* stützte, nutzte einen Verfahrensfehler aus, um die repräsentative Demokratie außer Kraft zu setzen: Am 1. März 1933 hatte die Regierung einen Streik der Eisenbahner untersagt, woraufhin der sozialdemokratische Nationalratspräsident eine Sondersitzung des

Parlaments einberief. In einer etwas verworrenen Lage kam es zum Rücktritt aller drei Parlamentspräsidenten. Die Sitzung konnte somit nicht ordentlich beendet und nach Auffassung des Kanzlers deshalb auch keine neue einberufen werden. Am 7. März bestätigte er die Aufhebung des Parlaments und beschloss unter Berufung auf ein Gesetz von 1917, ohne Parlament weiterzuregieren. Für die nicht-österreichischen Leser und Leserinnen sei hier angemerkt: Diese Situation hätte verhindert werden können, wenn der Bundespräsident damals stärkere Befugnisse gehabt hätte. Genau diese historische Erfahrung – eine der deutschen Erfahrung diametral entgegengesetzte, da ja Hitler gerade vom Reichspräsidenten Hindenburg ins Amt des Kanzlers eingesetzt wurde – führte dazu, dass die Zweite Republik das Amt des Bundespräsidenten mit größeren Kompetenzen ausstattete und folgerichtig auch dessen direkte Wahl durch das Volk vorsieht.

Im April verkündete Dollfuß eine neue Verfassung, die unter Berufung auf die Sozialenzyklika *Quadragesimo anno* Papst Pius' XI. den christlichen Ständestaat propagierte. Die sogenannte *Vaterländische Front* sollte nun die politischen Parteien ersetzen. Der den Sozialdemokraten nahestehende republikanische *Schutzbund* wurde ebenso verboten wie die kommunistische und die nationalsozialistische Partei. Die politischen Spannungen entluden sich schließlich im Februar 1934 in einem Bürgerkrieg: Mehrere führende Schutzbund-Mitglieder waren verhaftet worden, in den Räumlichkeiten der *Arbeiter-Zeitung* war eine Hausdurchsuchung durchgeführt und dem sozialdemokratischen Bürgermeister Wiens, Karl Seitz, die Befugnis über die Polizei entzogen worden. Vom 12. bis 16. Februar kam es schließlich zu erbitterten, verzweifelten Kämpfen. Der Schutzbund hatte der militärischen Macht des Staates kaum etwas entgegenzusetzen. In Wien wurden Arbeiterwohnsiedlungen zusammengeschossen, Bürgermeister Seitz wurde verhaftet und durch einen christlich-sozialen Administrator ersetzt, die sozialdemokratische Partei, deren Leitung sich nach Prag abgesetzt hatte, wurde verboten.

Karl Kraus hatte in der *Dritten Walpurgisnacht* die mutige Standhaftigkeit der Dollfuß-Regierung gegen Nazi-Deutschland gelobt und jede oppositionelle Handlung von sozialdemokratischer Seite als kindischen Sabotageversuch an eben jener Politik gegeißelt, vor der jetzt alle anderen Belange zurückzutreten hätten. Dies galt nun auch für den verzweifelten Versuch der Gegenwehr des Schutzbunds, dem Kraus nicht nur die alleinige Schuld am Bürgerkrieg zuwies, sondern den er auch für die Schwächung eines Regimes verantwortlich machte, das vor allem den Anschluss verhindern wollte – eine befremdliche Umkehrung des tatsächlichen Täter-Opfer-Verhältnisses. Als Dollfuß schließlich im Zuge eines – gescheiterten – Putschversuchs der Nazis ermordet wurde, brach Kraus in Tränen aus und war kaum mehr ansprechbar. Am 19. November hält Kraus nach längerer Zeit wieder eine Vorlesung in Wien. Shakespeares *Macbeth* und Goethes *Faust* sind die Werke, aus denen er schöpft. Am Schluss spricht er einen Nachruf auf Dollfuß. Dieser ist darin nicht mehr das kleinere Übel im Sinne des »Alles, nur nicht Hitler«, sondern Gegenstand einer fast schon anhimmelnden Verehrung.

Elias Canetti soll das umfangreichste Heft der *Fackel* überhaupt vom Juli 1934 vor den Augen Karl Kraus' aus Protest zerrissen haben.

Auch Sidonie Nádherný gehörte zu denen, die Kraus' Haltung zu Dollfuß nicht billigen konnten. Davon, dass Kraus nun die Abwendung vieler seiner Anhänger von ihm durchaus als persönliche Kränkung erlebte, zeugt gerade eine Passage aus einem Brief an Sidi vom 16. März 1934:

Ist es wirklich so weit gekommen, dass ein Lebenswerk, eine Lebenswirkung, von der niemand so lebendige Beweise empfangen hat wie du […], mich nicht schützen kann vor dem Verdacht, anders »gesinnt« zu sein als wo sie »gegen den Geist des Militärs, der Reichen, der Gewalt und der Ungerechtigkeit kämpfen«? (BS I, 655)

Indessen verschlechterte sich auch die persönliche – innere wie äußere – Situation von Karl Kraus rapide. Das Interesse an seinen Vorlesungen nahm spürbar ab, natürlich auch deshalb, weil sich die sozialdemokratische Hörerschaft enttäuscht abgewandt hatte. Im April 1936 hielt er seinen letzten von insgesamt siebenhundert Leseabenden, unter anderem mit dem Vortrag seiner 1920 entstandenen *Reklamefahrten zur Hölle* – einer seiner berühmtesten und häufig vorgetragenen Satiren, in der er die nachträgliche touristische Ausschlachtung des Weltkriegsgeschehens geißelte, die ihm Beleg genug für das Fortleben eben jener Geistigkeit war, die den Krieg erst ermöglicht hatte. Der so sehr auf sein Publikum angewiesene Kraus vereinsamte. Auch *Die Fackel* begann zu erlöschen. Die Auflagenzahl schmolz dahin. Ob sich Kraus überhaupt noch darüber Rechenschaft gab, dass das Unterfangen inzwischen defizitär war und er über keine finanziellen Mittel mehr verfügte, ist nicht sicher. Im Juli 1934 erschien noch eine mehr als dreihundert Seiten starke Nummer unter dem Titel *Warum die Fackel nicht erscheint* mit seinen prinzipiellen Stellungnahmen zum Zeitgeschehen. Im Februar 1936 sollte schließlich die letzte Nummer publiziert werden, in der er vor allem erklärte, dass gerade angesichts der äußeren Ereignisse der Mut gefragt sei, sich den geistigen Werten zuzuwenden, gleichsam den Geist vor dem Weltgeschehen zu retten. Und in diesem Sinne war es nur konsequent, dass sich Kraus nun vor allem auf seine Sprachlehre konzentrierte, die ein Jahr nach seinem Tod erscheinen sollte. Eine wirkliche Freude in diesen letzten düsteren Jahren erlebte er, als ihn dreihundert Schüler und Schülerinnen aus acht Wiener Gymnasien baten, für sie Shakespeare zu lesen. Er griff diese Gelegenheit dankbar auf, las für die jungen Leute Shakespeares *Wintermärchen* und schien angesichts einer solchen Jugend noch einmal Hoffnung zu schöpfen. Die junge Organisatorin dieser Lesung bedachte er in seinem Testament mit einem Andenken.

Auf der Rückseite des Programms führt Kraus die stolze Statistik an: »An 260 Abenden wurden eigene Schriften, an 138 Abenden teils eigene, teils fremde, an 302 Abenden ausschließlich fremde Schriften gelesen.«

Helene Kann, die treue Gefährtin bis zum Ende

Seine gesundheitlichen Probleme machten sich immer stärker bemerkbar. Er schien schon länger an einer beidseitigen Herzinsuffizienz, verbunden mit Atemnot, zu leiden. Eine an sich eher harmlose Venenentzündung wies zur Verwunderung des Arztes eine äußerst schlechte Heilungstendenz auf. Die durchaus ungesunde Lebensweise von Karl Kraus, sein starker Zigarettenkonsum und seine recht einseitige Ernährung, begann nun ihren Tribut zu fordern. Allerdings spricht auch viel dafür, dass der fulminante Verlauf seiner Erkrankung nicht allein somatisch erklärbar ist. Nach dem Zusammenstoß mit einem Fahrradfahrer litt er unter ständigen Kopfschmerzen und zunehmend unter Gedächtnisverlust. Oft wusste er nicht mehr, was er am Vortag gemacht hatte. Helene Kann war es, die ihn in dieser letzten Phase seines Lebens aufopfernd betreute. Ihr verdanken wir auch die authentischen Zeugnisse über das Sterben des großen Satirikers. Als er sich bei ihr über die Inkompetenz des Arztes beschwerte, versuchte sie ihn mit den Worten zu besänftigen: »Karl, dem tust du auch unrecht« – worauf sich Kraus erzürnt aufrichtete und erwiderte: »Wem habe ich jemals unrecht getan!«

Helene Kann griff einmal auch zu einer List in der Absicht, ihn über seinen schlechten Zustand hinwegzutrösten. Sie vereinbarte mit dem Arzt ein inszeniertes Gespräch, das Kraus mithören sollte. Auf ihre Frage, ob Kraus in der Lage wäre, demnächst eine größere Reise anzutreten, schwor der Arzt »bei Odin«, dass dies möglich sein werde. Kraus hatte die germanisch formulierte Versicherung gehört und quittierte sie mit einem beherzten »Pfui Teufel!«. So kam es zu den berühmten letzten Worten des großen Satirikers, bevor er in Bewusstlosigkeit hinüberdämmerte. Am 12. Juni schließlich erlag Karl Kraus einem Herzinfarkt und Apoplex (Hirnschlag) zugleich.

Sidonie war noch rechtzeitig informiert worden und am Abend zuvor angereist. Sie beharrte darauf, dass Kraus sich gewünscht habe, im Garten ihres Schlosses Janowitz beerdigt zu werden. Eine entsprechende testamentarische Verfügung fehlte allerdings. Dass Kraus sich stets angsterfüllt mit dem Tod auseinandergesetzt hatte, davon zeugen einige seiner schönsten Gedichte (s. S. 148 f.), aber auch ein vielzitierter Fehler in seinem Testament, in dem an einer Stelle, an der vom Sinnzusammenhang her »Tod« stehen müsste, »Leben« geschrieben steht – eine aufschlussreiche Verdrängungsleistung:

Nur weil mein Leben [sic!] so wenig eine Familienangelegenheit sein sollte, wie es mein Leben – der Arbeit wegen – sein musste, bitte ich meine Verwandte, meiner Bestattung (Beerdigung) fernzubleiben. Dass es eine Privatangelegenheit sei, die auch andere fernhält, kann ich nur wünschen, nicht sichern. Ich danke allen lieben Freunden, den bekannten und den unbekannten. (zit. nach Schick 1965, 136–137)

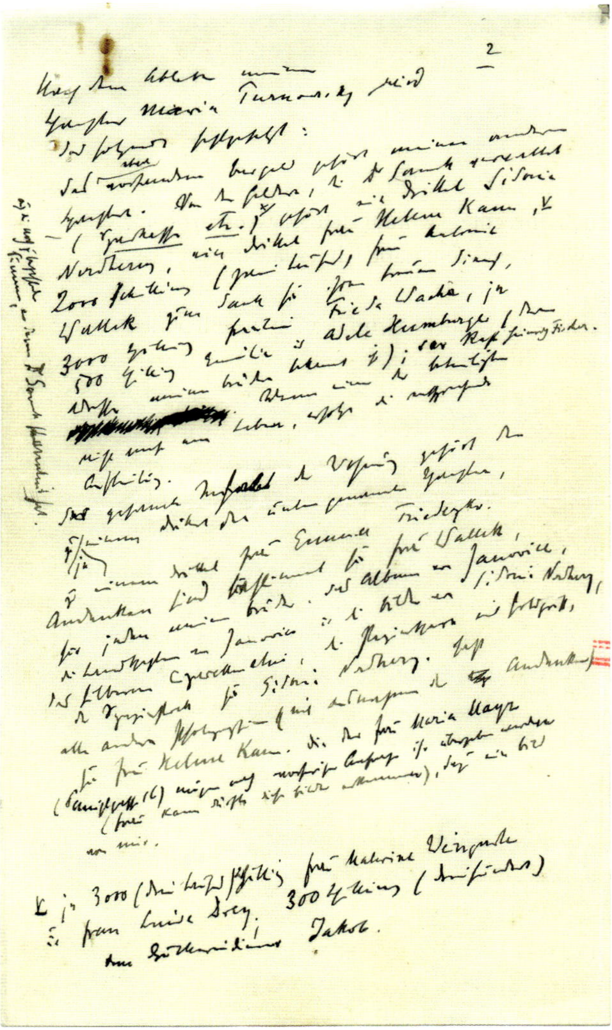

Die Beisetzung auf dem Wiener Zentralfriedhof fand schließlich am 15. Juni statt. Der Bitte um das Fernbleiben der Angehörigen konnte schlicht deshalb nicht entsprochen werden, weil die Testamentseröffnung erst zwei Tage später erfolgte. Ein kleiner Kreis von Getreuen hatte sich versammelt, darunter Heinrich Fischer, der erste Herausgeber einer Werkausgabe, der eine Rede hielt. Danach sprach Karl Járay, der sich später um die Pflege des Nachlasses verdient machen sollte. Auch Ludwig von Ficker war aus Innsbruck angereist. Sidonie Nádherný warf einen Ring ins offene Grab und besiegelte auf diese Weise posthum ihre Beziehung zu Karl Kraus, die zu Lebzeiten so vielen Wechselfällen und Ambivalenzen ausgesetzt gewesen war.

Man wünscht dem großen Schriftsteller, dass er nun, wie er es in seinem Gedicht vom sterbenden Menschen ausgedrückt hatte, »am Ursprung angelangt« war. Sein Grab könnte schlichter nicht sein (S. 147). Auf dem kleinen, grauen Stein steht nichts als sein Name, nicht einmal Geburts- und Todesjahr. Die *Grabschrift* allerdings, die er selbst einmal für sich entworfen hatte, nimmt ebenso prophetisch wie humorvoll seine eigene Wirkungsgeschichte vorweg:

Wie leer ist es hier
an meiner Stelle.
Vertan alles Streben.
Nichts bleibt von mir
als die Quelle,
die sie nicht angegeben. (S 9, 622)

ZUR WEITEREN VERTIEFUNG

Zunächst ein Wort zu den unterschiedlichen Ausgaben von Kraus' Werken selbst: Die heute maßgebliche Ausgabe sind die im Suhrkamp-Verlag erschienenen Schriften in zwanzig Bänden, herausgegeben von Christian Wagenknecht. Aus dieser Ausgabe wurde deshalb auch hier, wo immer möglich, zitiert. Allerdings sind hier etliche, zum Teil wichtige, Texte nicht aufgenommen, die man in der ersten, von Heinrich Fischer besorgten Werkausgabe in zehn Bänden findet. Sie ist leider nur noch antiquarisch bzw. in guten Bibliotheken zu bekommen. Verdienstvoll ist auch die vom Marixverlag herausgegebene, bibliophil ausgestattete Auswahl in vier Bänden. Die Bände *Weltgericht* bzw. *Sittlichkeit und Kriminalität*, die bereits von Karl Kraus selbst unter diesen Titeln in Buchform publiziert wurden, wurden hier durch weitere Essays und Glossen ergänzt, die zu diesen Themenkreisen gehören, in den von Kraus selbst besorgten Ausgaben aber noch nicht enthalten waren. Darüber hinaus sind die Bände mit einem ausführlichen Anmerkungsapparat versehen, der den heutigen Lesern und Leserinnen das nötige Hintergrundwissen zum Textverständnis liefert. Das ist – neben den sehr informativen Einleitungen – der entscheidende Vorteil gegenüber allen anderen Editionen.

Etwas für echte Liebhaber ist natürlich eine Gesamtausgabe der Zeitschrift *Die Fackel*. Der Verlag 2001 hat seinerzeit eine vollständige, um *Die Letzten Tage der Menschheit* ergänzte Ausgabe in zwölf Bänden ediert, die aber inzwischen auch nur noch antiquarisch zu erhalten ist.

Allen, die neugierig geworden sind, einfach mal reinschmökern und sich mit Originaltexten von Karl Kraus vertraut machen wollen, sei das von Hans Wollschläger besorgte Lesebuch empfohlen. Es ist eine repräsentative Auswahl quer durch das Gesamtwerk von Karl Kraus.

Wer Lust bekommen hat, sich gründlicher mit Kraus' Leben und Werk zu beschäftigen und keine Scheu vor dicken Büchern hat, sei hier auf die beiden maßgeblichen großen Biografien aus jüngerer Zeit verwiesen. Die Biografie von Jacques Le Rider ist bislang leider nur auf Französisch zugänglich. Le Rider ist einer der besten Kenner der Wiener Moderne. Für deutschsprachige Leser und Leserinnen besteht der einzige Nachteil dieser ansonsten hervorragenden Biografie darin, dass sie die zitierten Kraus-Texte nicht im Original, sondern nur in französischer Übersetzung vor Augen haben. In deutscher Sprache liegt die große Biografie von Jens Malte Fischer vor, auf die ich mich hier auch an etlichen Stellen bezogen habe. Fischer durchbricht ein rein chronologisches Schema, orientiert sich an den großen Themen rund um Kraus' Leben und Werk und nimmt gleichsam thematische Tiefenbohrungen vor – sehr verlässlich, gründlich und gut lesbar, daher in jeder Hinsicht zu empfehlen. Fischer ist sicher ein Bewunderer, keineswegs aber ein blinder Verehrer von Karl Kraus. Seine Haltung ihm gegenüber – die im Wesentlichen auch meiner eigenen entspricht – hat er am Schluss seines Buches selbst folgendermaßen gekennzeichnet:

Dieses Buch wurde nicht auf den Knien der Anbetung geschrieben. Aureolen taugen schlecht als Beleuchtungskörper. Dennoch ist es konzipiert und verfasst, um die Schlussformel der Briefe des Verlags Die Fackel zu benutzen: mit vorzüglicher Hochachtung. (Fischer 2020, 1009)

Keine Biografie im eigentlichen Sinne, sondern der Versuch einer Gesamtdeutung des Phänomens Karl Kraus ist das leider auch längst vergriffene Buch von Hans Weigel. Man mag mit etlichen seiner Thesen nicht einverstanden sein, das eine oder andere vielleicht sogar ärgerlich finden – und dennoch wird man kaum einen kundigeren Begleiter durch Kraus' Universum finden. Das Buch ist vor allem mit Leidenschaft und im besten Sinn des Wortes parteiisch geschrieben, bezieht durchaus streitbar Stellung zu Kraus selbst und dessen Zeitgenossen. Vor allem aber ist Weigel selbst wie Kraus ein sprachempfindsamer und satirisch begabter Autor. In seinen jungen Jahren hat er selbst einen hervorragenden satirischen Roman, eine Parabel über den Aufstieg Hitlers und der Nazibewegung (*Der grüne Stern*) geschrieben, der auch verfilmt wurde. Den Österreichern ist Weigel als ebenso geistreicher wie umstrittener »Literaturpapst« bekannt. Immerhin hat er das Verdienst, Autorinnen wie Ingeborg Bachmann entdeckt und gefördert zu haben.

Wem gehört Karl Kraus? Welche Strömungen und Tendenzen dürfen sich mit Recht auf ihn berufen? Alfred Pfabigan widmet sich äußerst kundig dem Verhältnis von Karl Kraus zum Sozialismus. Er räumt dabei mit hartnäckigen Mythen auf. Vor allem aber gelingt ihm ausgehend von dieser Fragestellung ein gutes Gesamtbild von Kraus und seinem Werk.

Zuletzt sei auf ein ganz besonderes Dokument verwiesen: Karl Kraus ist auch heute noch im Original zu hören. Die Schallplatte *Karl Kraus liest aus eigenen Schriften* ist wieder als Hörbuch zugänglich. Wir bekommen einen Eindruck von seinem eigenen Vortragsstil, von der Ausdruckskraft und Modulationsfähigkeit seiner Stimme, und fühlen uns durchaus versetzt in einen seiner Leseabende. Das Tondokument enthält, von Kraus selbst gesprochen, einige seiner wichtigsten Texte, wie etwa *Reklamefahrten zur Hölle*, das *Schoberlied*, das Gedicht *Zum ewigen Frieden* und sein ergreifendes Gedicht *Todesfurcht*. Ein Nachruf von Alfred Polgar rundet diesen Gesamteindruck ab.

ZEITTAFEL

1874	Am 28. April wird Karl Kraus als achtes Kind des Fabrikanten Jacob Kraus und seiner Frau Ernestine, geb. Kantor, im böhmischen Jičín (Jitschin bzw. auch Gitschin) geboren.
1877	Übersiedlung der Familie nach Wien
1880–92	Besuch der Volksschule und anschließend des Franz-Josephs-Gymnasiums
1892	Matura; erste literarische Besprechungen und erste Vorlesung (*Im Reiche der Kotpoeten*); Beginn der Freundschaft mit Detlev von Liliencron; Immatrikulation an der juridischen Fakultät
1893	Lesung von Gerhart Hauptmanns *Die Weber* in Ischl, Wien und München
1894	Wechsel des Studienfachs (Philosophie und Germanistik); Beginn der Freundschaft mit Peter Altenberg
1896	*Die demolierte Literatur* erscheint, eine satirisch-polemische Abrechnung mit den Autoren des »Jungen Wien«
1898	*Eine Krone für Zion*: Polemik gegen Theodor Herzls Zionismus
1899	Das erste Heft der *Fackel* erscheint.
1900	Begegnung mit der Schauspielerin Annie Kalmar
1901	Tod Annie Kalmars in Hamburg; Reisen nach Dänemark und Norwegen; gerichtliche Auseinandersetzung mit dem bisherigen Drucker der *Fackel* und Betrauung Georg Jahodas mit dem Druck

1905 Kraus organisiert eine geschlossene Veranstaltung von Frank Wedekinds *Büchse der Pandora*

1907 Satirische Abrechnung mit Maximilian Harden, dem Herausgeber der *Zukunft*

1908 Veröffentlichung der ersten Essaysammlung, *Sittlichkeit und Kriminalität*

1909 Erste Aphorismensammlung unter dem Titel *Sprüche und Widersprüche*

1910 Erste Vorlesung in Berlin, Freundschaft mit Else Lasker-Schüler und Herwarth Walden; erste Wiener Vorlesung (*Heine und die Folgen*)

1911 Katholische Taufe in der Wiener Karlskirche; Taufpate ist sein enger Freund, der Architekt Adolf Loos.

1912 Lesung und Veröffentlichung des zentralen Essays *Nestroy und die Nachwelt*; Aphorismenband *Pro domo et mundo*

1912 Beginn der (wechselhaften und komplizierten) Beziehung mit Sidonie Nádherný von Borutin; erste Gedichte, die allesamt später in den Bänden *Worte in Versen* veröffentlicht werden.

1914 Mit seiner großen Anrede *In dieser großen Zeit* beginnt Karl Kraus seinen satirischen Kampf gegen den Krieg und entwickelt sich zum unbedingten Pazifisten

1915 Reise nach Italien und Versuch, mithilfe von einflussreichen Kontakten wenigstens den Kriegseintritt Italiens zu verhindern

1915–18 Arbeit am großen Weltkriegsdrama *Die letzten Tage der Menschheit*, zum Teil in seinem Schweizer Refugium Tierfehd am Tödi; Trotz geschickter Umgehung der Zensur wird *Die Fackel* mehrmals konfisziert; polizeiliche Verfolgung aufgrund seiner Rede *Für Lammasch* und einer Denunziation nach einer Vorlesung

1918 Der *Nachruf* (gelesen im November) ist Kraus' schonungslose Abrechnung mit den Schuldigen am Krieg. Kraus, der noch kurz vor Kriegsbeginn ein entschiedener Monarchist war, bekennt sich nun zur Republik.

1919 *Die letzten Tage der Menschheit* erscheinen als Sonderheft der *Fackel*, ebenso seine Satiren während des Krieges unter dem Titel *Weltgericht*.

1923 Lesung von *Wolkenkuckucksheim*, eines der »kleinen Dramen« von Karl Kraus

1924–25 Polemik gegen den Erpresserjournalisten Imre Békessy, die mit dessen Flucht aus Wien endet

1925 Erste Vorlesungen in Paris; Kraus wird für den Nobelpreis vorgeschlagen.

1926 Erste Lesungen (mit Gesangseinlagen) von Jacques Offenbach; Zuspitzung der Polemik gegen Alfred Kerr

1927 Nach dem Massaker an den Demonstranten vom 15. Juli startet Kraus eine Kampagne gegen den Polizeipräsidenten Schober, unter anderem eine Plakataktion

1930–32 Rundfunkregiearbeiten und -lesungen in Berlin, Prag und Wien, unter anderem Bearbeitung von Offenbach-Operetten, eine Bearbeitung von Shakespeares *Timon von Athen*, Hauptmann und Goethe; Freundschaft mit Bert Brecht

1933 Unter dem Eindruck der Ernennung Hitlers zum Reichskanzler Arbeit an der *Dritten Walpurgisnacht*, deren Druck Kraus stoppt, um Leser im Deutschen Reich nicht zu gefährden. Das Werk wird erst nach dem Zweiten Weltkrieg veröffentlicht. Im Oktober 1933 erscheint eine äußerst dünne Ausgabe der *Fackel*, die ein Gedicht enthält, in dem Kraus sein Schweigen zu Hitler rechtfertigt; Übertragung von Shakespeares *Sonetten*

1934 Entfremdung von einem Teil seiner Leser- und Hörerschaft aufgrund seiner Parteinahme für Engelbert Dollfuß; Würdigung zum 60. Geburtstag, unter anderem durch Bert Brecht. Ende Juli Publikation einer Ausgabe der *Fackel* mit dem Titel: *Warum die Fackel nicht erscheint*

1935 Redaktion seines letzten posthum erscheinenden Buches, *Die Sprache*; Ankündigung einer Bearbeitung der Dramen Shakespeares

1936 Im Februar erscheint das letzte Heft der *Fackel*. Im April letzte öffentliche Lesung (von insgesamt siebenhundert). Nach einem Unfall Verschlechterung des Gesundheitszustandes; 12. Juli: Kraus stirbt im Beisein seiner langjährigen Freundin Helene Kann an einem Herz- und Hirnschlag. Beisetzung auf dem Wiener Zentralfriedhof

Beziehungsstatus: Es ist kompliziert. So könnte man das Verhältnis von Karl Kraus zu der Stadt beschreiben, in die er als Dreijähriger mit seinen Eltern und Geschwistern gezogen ist und in der er bis zu seinem Tod gelebt hat. Nun ist es nichts Außergewöhnliches, dass Künstler und Literaten ein eher distanziertes Verhältnis zu ihrer Heimat haben, und gerade ein Satiriker bezieht den Stoff seiner Polemik oft genug aus seiner unmittelbaren Umgebung, die ihm das beste Anschauungsmaterial für die Missstände seiner Zeit liefert. Bei Kraus aber liegen die Dinge etwas anders. Sein ambivalentes Verhältnis zu Wien hat seine Wurzeln bereits in der durchaus traumatischen Kindheitserfahrung des Umzugs aus vertrauter Umgebung in eine brodelnde, lärmerfüllte Metropole:

Sein erster Kontakt mit der großen Stadt hatte in ihm den Eindruck eines Schocks hinterlassen. Wien hatte ihm Angst eingeflößt, und so war seine am weitesten zurückreichende Erinnerung die eines Verlorenseins. Er sah sich als kleinen, vom Lärm eingeschüchterten Wilden, er erinnerte sich an die komplizierten Straßenverläufe, an die hinter jeder Biegung lauernden geheimnisvollen Gefahren. (Goblot 1950, 46)

Die Äußerungen von Karl Kraus über Wien und seine Bewohner sind oftmals wenig schmeichelhaft. Hier ein paar Kostproben:

- *Vorschläge, um mich dieser Stadt wieder zu gewinnen: Änderung des Dialekts und Verbot der Fortpflanzung.* (S 8, 209)
- *Ich verlange von einer Stadt, in der ich leben soll: Asphalt, Straßenspülung, Haustorschlüssel, Luftheizung, Warmwasserleitung. Gemütlich bin ich selbst.* (S 8, 209)
- *Die Straßen Wiens sind mit Kultur gepflastert, die Straßen anderer Städte mit Asphalt.* (S 8, 146)
- *Jeder Wiener ist eine Sehenswürdigkeit, jeder Berliner ein Verkehrsmittel.* (S 8, 145)

Kraus hat zeitweilig durchaus erwogen, Wien zu verlassen, ist dann aber der Donaumetropole, die nicht nur sein Wohnsitz, sondern die hauptsächliche Stätte seines Wirkens war, dennoch treu geblieben. Dass Kraus den Wiener Dialekt virtuos als satirisches Stilmittel eingesetzt hat – dafür gibt es zahlreiche Beispiele. Satirische Wirkung erzielte Kraus oftmals dadurch, dass er Floskeln und Phrasen einfach in direkte Rede verwandelte und den Protagonisten, oftmals Gestalten aus dem Wiener Alltagsleben, in den Mund legte. So lässt er etwa in einer seiner Glossen einen Wiener Straßenbahnschaffner den Satz sprechen: »Ober Sö Herr, Sö ham ja momentan unter der suggestiven Kraft der Vurstellung gehandelt!« (W 4, 359) Das genügt, um eine dümmliche Phrase als eben solche zu entlarven. Es darf ruhig vermutet werden: Wer den Wiener Dialekt so gekonnt in sein literarisches Schaffen integriert, der muss dieses Idiom auch lieben – und mit ihm durchaus auch jene, die es sprechen.

1 Der Stadtpark

Der Stadtpark liegt an der Wiener Ringstraße, jenem von hauptsächlich in historizistischem Stil gehaltenen Gebäuden geprägten Prachtboulevard, der ringförmig die Innere Stadt, den ersten Wiener Gemeindebezirk, umschließt und nach Schleifung der Stadtmauern im 19. Jahrhundert angelegt wurde. Touristenscharen aus aller Welt finden sich hier vor allem ein, weil im Stadtpark der Walzerköng Johann Strauß Sohn sein Denkmal hat. Für Karl Kraus war der Stadtpark ein bevorzugter Ort des kindlichen

• Stadtpark Wien 1

Spiels und der Erholung. Allerdings scheint dieser Ort für ihn ebenso angstbesetzt gewesen zu sein wie die Stadt überhaupt:

Der Spaziergang mit dem Kindermädchen im Stadtpark war ein richtiges Abenteuer, das er mit pochendem Herzen und in der Sorge, niemals wieder den Rückweg zu finden, bestand. Der große Bruder Richard, ein praktisch veranlagter Mann, trug einen ganzen Brotlaib mit sich. Möglicherweise hatte er einen gesunden Appetit, doch Karl sah darin eine den Umständen geschuldete Vorsichtsmaßnahme, so etwas wie die Keksration, mit der sich die Matrosen als Vorrat für schlechte Zeiten ausstatteten. Was ihn selbst betraf, so kümmerte er sich nicht um das Materielle: In Angst, niemals wieder zurückzugelangen, hielt er das in seinen Armen, was ihm das Wertvollste war: sein Puppentheater, und ließ sich unter keinem Vorwand dazu bringen, sich davon zu trennen. In eine Welt eingetaucht, die ihm verdächtig vorkam, war er bereits darum besorgt, das Heiligtum des Ideals und der Dichtkunst zu bewahren. (Goblot 1950, 46)

• Kraus' Wohnung in der Lothringerstraße 6

2 Die Wohnung in der Lothringerstraße

Von 1912 bis zu seinem Tod im Juni 1936 lebte Karl Kraus hier, im 4. Wiener Gemeindebezirk, jedoch direkt angrenzend an die Innere Stadt, das Zentrum Wiens. Heute erinnert dort eine Gedenktafel an den großen Sohn der Stadt.

3 Das neue Burgtheater

Ebenfalls auf der Ringstraße befindet sich das im Jahr 1888 eröffnete, von Gottfried Semper im Stil des Historismus erbaute Burgtheater, das bis heute eine der bedeutendsten Bühnen deutscher Sprache beherbergt. Der Neubau löste das alte Burgtheater am Michaelerplatz ab. Für Kraus bedeutete die Umsiedlung in das neu errichtete Haus zugleich eine Zäsur der Theaterkultur. Zeit seines Lebens trauerte er dem alten Burgtheater nach, das von Schauspielerpersönlichkeiten wie Charlotte Wolter oder Alexander Girardi geprägt war. Die bevorstehende Ernennung Paul Egers zum neuen Direktor des Burgtheaters nutzt Kraus zur schonungslosen Abrechnung mit einer Theaterwelt, die ihm nicht mehr behagte:

• Blick auf das Burgtheater

Herr Eger ist noch sehr jung. Als er geboren wurde, drehten sich bereits einige alte Burgschauspieler im Grabe um. […] Allerdings könnte man einwenden, dass gerade ein Vertreter der Generation, die sich fürs Theater zu interessieren begann, als Herr Gerschach heranreifte und Herr Frank auf der Höhe seiner künstlerischen Kraft stand, der Mann sein könnte, das heutige Burgtheater zum Siege zu führen. Denn jeder hätte Lust, es zugrunde zu richten, der das frühere gekannt hat. Trotzdem wäre mir die Berufung des Herrn Eger peinlich. Denn ich glaube, dass noch ein alter Logenschließer da ist, der von verschwundner Pracht zeugt, dass der Frisch-Wassermann auf der Galerie, der auch Frornes und Lemrnad hat, noch derselbe ist, und dass auch eine Klosettfrau lebt, die noch bessere Zeiten gesehen hat. Solange zumal diese am Ruder ist, hat der genius loci noch nicht völlig abgedankt …« (W 4, 382–383)

Max Reinhardt apostrophiert Kraus als den »Träger des Problems dieser Theatermenschheit, die ihres Zusammenbruchs nicht bewusst wird, wenn sie den Triumph ei-

• Das Looshaus am Michaelerplatz 3

ner Regiekunst ausschreit, die man ehedem, in der Zeit der Persönlichkeiten, zum Krenreiben gebraucht hätte …« (L 302)

4 Das Looshaus

Der Michaelerplatz ist nicht nur der Standort des alten Burgtheaters, dem Kraus nachtrauert, und des Café Griensteidl, dessen Abriss Kraus zum Anlass der Abrechnung mit der literarischen Szene Wiens machte (*Die demolierte Literatur*), hier steht auch das sogenannte Looshaus, auch Michaelerhaus genannt oder wegen der ungewohnten Fassadengestaltung von den Wienern etwas boshaft als »Haus ohne Augenbrauen« bezeichnet. Es ist eines der bedeutendsten Bauwerke der Wiener Moderne. Kaiser Franz Joseph hat es – so wird berichtet – als so hässlich empfunden, dass er die Fenster der Hofburg, die in dieser Richtung lagen, verhängen ließ. Der Architekt, Adolf Loos, war lebenslanger Freund und Taufpate von Karl Kraus. Vor allem aber teilte der Gegner allen Dekors mit Kraus dieselbe Kunstauffassung, die er in seiner Schrift *Ornament und Verbrechen* theoretisch begründete. Kraus selbst hat diese gemeinsame Kunstauffassung in einem wunderschönen Aphorismus prägnant formuliert:

Adolf Loos und ich, er wörtlich, ich sprachlich, haben nichts weiter getan, als gezeigt, dass zwischen einer Urne und einem Nachttopf ein Unterschied ist und dass in diesem Unterschied erst die Kultur Spielraum hat. Die anderen aber, die Positiven, teilen sich in solche, die die Urne als Nachttopf, und die den Nachttopf als Urne gebrauchen. (S 8, 341)

Ein paar Schritte vom Michaelerplatz, in der Herrengasse 10, befand sich dort, wo heute das Steigenberger Hotel steht, das auch von Karl Kraus frequentierte Café Herrenhof.

5 Die Karlskirche

Hier wurde Karl Kraus am 8. April 1911 katholisch getauft. Taufpate war der Architekt Adolf Loos. Der Bau der sicherlich schönsten Barockkirche Wiens wurde 1713 von Karl VI., dem Vater der Erzherzogin Maria Theresia, während der Pestepidemie angeordnet und zwischen 1716 und 1737 von den berühmtesten Barockbaumeistern Österreichs, Fischer von Erlach Vater und Sohn, erbaut. Sie ist die Stein gewordene *pietas austriaca*, jener von der Gegenreformation geprägten katholischen Gesinnung, wie sie im Habsburgerreich vor den josephinischen Reformen gedieh. Dass Kraus diese Kirche als Ort seiner Taufe auswählte, kann als ein Bekenntnis zu eben dieser kulturellen Identität gewertet werden. Der vor der Kirche liegende Karlsplatz wurde Ende der 1970er-Jahre im Zuge des Baus der Wiener U-Bahn völlig neu gestaltet. Eine besondere Attraktion sind die schön restaurierten Jugendstil-Stadtbahnpavillons, die nun als Kaffeehaus etc. dienen.

6 Café Imperial

Am Kärntnerring befindet sich heute noch eines der ältesten Wiener Kaffeehäuser, das legendäre Café Imperial. Hier kam es am 8. September 1913 zur schicksalhaften Begegnung mit Baronin Sidonie Nádherný von Borutin, der großen, wenn auch über weite Strecken nicht glücklichen, Liebe seines Lebens. An eben jenem Tag hielt sich nachweislich auch Franz Kafka in Wien auf und besuchte das Café. Es ist allerdings nicht überliefert, ob es zu einer wenigstens flüchtigen Begegnung kam. Nach einem

• Die Karlskirche mit Karlsplatz

ersten schlechten Eindruck Kafkas von Kraus anlässlich einer Prager Vorlesung scheint Kafka allerdings den Wiener Satiriker durchaus geschätzt zu haben. Jedenfalls nimmt er in seinem Tagebuch auf ihn zustimmend Bezug.

7 »Sirkecke«

Am Kärntnerring befindet sich die Wiener Staatsoper und vertikal dazu biegt man Richtung Stephansdom in die Kärntnerstraße ein, heute die zentrale Fußgängerzone und Einkaufsstraße in der Inneren Stadt. Im Volksmund hieß die Stelle, an der Kärntnerring und Kärntnerstraße aufeinanderstoßen und von der aus man heute in die Opernpassage hinabsteigen kann, Sirkecke, weil sich dort ein Lederwarengeschäft befand, dessen Inhaber August Sirk war. Als Sirkecke bekam dieses Stück Wien auch einen prominenten Platz in Karl Kraus' Weltkriegsdrama *Die letzten Tage der Menschheit*. Jeden Akt des Dramas lässt Kraus just an diesem »kosmischen Punkt« mit einem Gespräch junger Männer aus gutsituierten Kreisen beginnen, die verstanden hatten »es sich zu richten«, also dem Einsatz an der Front zu entkommen. Ihr reichlich dekadentes Gehabe und Geplauder über Belanglosigkeiten steht in scharfem Kontrast zur Brutalität des Krieges

• Das Café Imperial ist nach wie vor ein Besuch wert, auch um die berühmte Imperial Torte zu probieren.

• Die Sirkecke (Ecke Kärntnerring / Kärntnerstraße) Richtung Stephansdom

und offenbart zugleich die Mentalität, die ihn möglich machte. Das ebenso aufdringliche wie oberflächliche Gebaren der jungen Männer führte dann auch zur Bezeichnung »Potenzecke«.

Zurzeit von Karl Kraus war kein Geringerer als Gustav Mahler Direktor der Staatsoper. Kraus schätzte ihn vor allem nach dem Erlebnis einer von Mahler dirigierten Offenbach-Aufführung.

8 Haus des Wiener Musikvereins

In unmittelbarer Nachbarschaft zum Karlsplatz befindet sich das Haus des Wiener Musikvereins, eines der traditionsreichsten Konzerthäuser Wiens, das im Zuge der Anlage der Ringstraße vom klassizistischen Architekten Theophil Hansen errichtet wurde. Vielen ist der große (»goldene«) Saal dieses Konzerthauses aus der Eurovisionsübertragung des

Neujahrskonzertes der Wiener Philharmoniker bekannt. Karl Kraus veranstaltete hier im Jahr 1912 seine legendäre Nestroy-Feier, an der 1500 Menschen teilnahmen. Aber auch der »kleine Saal« war des Öfteren Veranstaltungsort seiner Lesungen. Von einem dieser Abende mit Karl Kraus im Jahr 1911 berichtet uns Karin Michaelis eindrücklich:

Der Saal ist bis zum letzten Platze voll … Alle Lichter sind verlöscht. Nur da oben auf dem grün bekleideten Tisch leuchten zwei vereinzelte Kerzen … Nun kommt Kraus. Jung, mit langen unbeherrschten Gliedern, scheu wie eine Fledermaus eilt er an den Tisch, verschanzt sich bang hinter ihm, kreuzt die Beine, streicht sich über die Stirn, putzt sich die Nase, sammelt sich wie ein Raubtier zum Sprunge, lauscht, wartet … Seine nervösen Hände fahren über die mitgebrachten Arbeiten. Er fängt an hart, nachdrücklich, energisch, bezwingend, durch Überzeugung bezwingend. Hätte er Chinesisch oder Persisch gesprochen, man wäre mit der gleichen Spannung gefolgt. (zit. nach Schick 1965, 63)

• Außenansicht des Hauses des Wiener Musikvereins

9 Wiener Konzerthaus

Just in jener Straße, in der Karl Kraus wohnte, in der Lothringerstraße im 3. Wiener Gemeindebezirk, befindet sich auch das im Jahr 1913 eröffnete Wiener Konzerthaus, das mit seinen vier unterschiedlich großen Sälen reichlich Platz für Konzerte und kulturelle Veranstaltungen aller Art bietet. Auch das Konzerthaus war eine Stätte der Wiener Leseabende von Karl Kraus. Von einem dieser Abende weiß kein Geringerer als Elias Canetti zu berichten. Im Großen Saal, von dem hier die Rede ist, haben mehr als 1800 Besucher Platz.

Im Frühjahr 1924 – ich war vor wenigen Wochen erst nach Wien zurückgekehrt – wurde ich von Freunden zum ersten Mal in eine Vorlesung von Karl Kraus mitgenommen. Der große Konzerthaussaal war gesteckt voll. Ich saß weit hinten und konnte aus dieser Entfernung nur wenig sehen: einen kleinen, eher schmächtigen Mann, etwas vornübergebeugt, mit einem Gesicht, das nach unten spitz zulief, von einer unheimlichen Beweglichkeit, die ich nicht begriff, es hatte etwas von einem unbekannten Geschöpf an sich, einem neu entdeckten Tier, ich hätte nicht sagen können, welches. Die Stimme

• Wiener Konzerthaus

war scharf und erregt und beherrschte mit Leichtigkeit den Saal, in urplötzlichen Steigerungen, die häufig waren. (Canetti 1981 a, 43)

10 Das Grab von Karl Kraus auf dem Wiener Zentralfriedhof

Der Wiener Zentralfriedhof ist legendär. Im 11. Wiener Gemeindebezirk, Simmering, liegt er eher an einer Randlage der Stadt. Die Straßenbahnlinie 71, die zum Zentralfriedhof hinausführt, ist in den Wiener Lied- und Sprachschatz eingegangen. »Mit'n Aanasiebzga foan« ist eine häufig gebrauchte Umschreibung für »sterben«. Der Austropop-Sänger Wolfgang Ambros hat der letzten Ruhestätte so vieler Wiener mit seinem Lied »Es lebe da Zentralfriedhof« ein wunderbares Denkmal gesetzt. Sehenswert ist allein schon die von Max Hegele errichtete Friedhofskirche (Karl-Borromäus-Kirche bzw. Karl-Lueger-Gedächtniskirche), eine der bedeutendsten Jugendstil-Sakralbauten überhaupt. Sehenswert sind natürlich auch die Ehrengräber der Großen der Stadt von Beethoven bis Falco. Karl Kraus hingegen hat kein Ehrengrab. Der schlichte graue Stein, auf dem außer dem Namen nichts vermerkt ist, wurde vom Loos-Schüler Otto Breuer gestaltet.

• Die Grabinschrift wurde der Schrift, mit der *Die Fackel* gedruckt wurde, nachempfunden

Porträt von
Charlotte Joël, 1921

Etliche von Kraus' Gedichten sind der Auseinandersetzung mit dem Tod gewidmet. Eines der schönsten soll deshalb auch den Schlusspunkt dieser kleinen Biografie setzen:

Todesfurcht

Halb verlangend alles schon empfangen,
allen Wechsel, den es gibt auf Erden:
aller Lust und allerlei Beschwerden
froh und unfroh immer wieder werden.
Und dazwischen ist die Zeit vergangen.

Neugier regt sich nach dem andern Kreise,
wie mags, frag ich, drüben nur bestellt sein;
und ob schwierig die besondre Reise,
und ob ich auf wunderbare Weise
werde wiederum auf meiner Welt sein.

Immer das Erlebte zu erleben,
lüstet mich, ich will es frei bekennen;
immer dieses zwischen Feuern schweben,
dieses atemlose Lastenheben
und dies hoffnungslose Herzverbrennen.

Ist's dort grün wie meine Kinderstunden?
Ist der Tag dort grau wie meine Tage?
Warten alle Wunder, aller Wunden
Wonnefieber, schmerzliches Gesunden,
aller Wollust wechselvoller Plage?

Bleib ich aller Feuerflammen Beute
und erhitzt von allen Hindernissen?
Glüht mir dort der helle Hass des Heute,
und entflammen mich die kalten Bräute?
Ach ich brenne schon, es nur zu wissen!

Was sich so lebendig mir verdichtet,
was mit Aug und Ohr ich je erworben,
nimmer sei von mir darauf verzichtet!
Anders werde dieser Streit geschlichtet
und das Leben nur zum Teil gestorben!

Einverleibt der Welt, der es entbrannte,
will es nimmer sich vom Leben trennen.
Wenn ich sie nicht mehr mit Namen nannte,
die ich bis zum letzten Blick erkannte,
würde sie sich selbst nicht mehr erkennen.

Wortverbunden bleib ich den Gestalten,
gegen die ich mich des Geistes wehre.
Nimmer würde anderen Gewalten
wehrlos ich mich zur Verfügung halten
dort in einer wortverlassnen Leere.

Dreist entreiß ich mich dem faulen Frieden,
nichts zu haben als die Totenstille.
Sie zu meiden, will ich nicht ermüden;
da zu bleiben, wenn ich abgeschieden,
fortzuleben sei mein letzter Wille.
Todesfurcht ist, dass Natur mich bringe
einst um alles mir lebendige Grauen.
Jener ewigen Ruh ist nicht zu trauen.
Ich will leiden, lieben, hören, schauen:
ewig ruhlos, bis das Werk gelinge!
(S 9, 434–435)

Personenregister

Literaturverzeichnis

1. Schriften von Karl Kraus

Karl Kraus, Schriften. Herausgegeben von Christian Wagenknecht, Frankfurt a. M. 1987 ff.

Band 1: Sittlichkeit und Kriminalität

Band 2: Die chinesische Mauer

Band 3: Literatur und Lüge

Band 4: Untergang der Welt durch schwarze Magie

Band 5: Weltgericht I

Band 6: Weltgericht II

Band 7: Die Sprache

Band 8: Aphorismen

Band 9: Gedichte

Band 10: Die letzten Tage der Menschheit

Band 11: Dramen

Band 12: Die dritte Walpurgisnacht

Band 13: Theater der Dichtung. Jacques Offenbach

Band 14: Theater der Dichtung. Nestroy, Zeitstrophen

Band 15: Theater der Dichtung. William Shakespeare

Band 16: Brot und Lüge. Aufsätze 1919–1924

Band 17: Die Stunde des Gerichts. Aufsätze 1925–1928

Band 18: Hüben und Drüben. Aufsätze 1929–1936

Band 19: Die Katastrophe der Phrasen. Glossen 1910–1918

Band 20: Kanonade auf Spatzen. Glossen 1920–1936

(Im Text wurde wann immer möglich auf diese Ausgabe zurückgegriffen; zitiert mit S sowie Band- und Seitenzahl)

Karl Kraus, Werke. Herausgegeben von Heinrich Fischer, München 1967 ff.

Band 1: Die dritte Walpurgisnacht

Band 2: Die Sprache

Band 3: Beim Wort genommen. Aphorismen

Band 4: Widerschein der Fackel. Glossen

Band 5: Die letzten Tage der Menschheit. Tragödie in fünf Akten

Band 6: Literatur und Lüge

Band 7: Worte in Versen

Band 8: Untergang der Welt durch schwarze Magie

Band 9: Unsterblicher Witz

Band 10: Mit vorzüglicher Hochachtung. Briefe des Verlags der Fackel

Band 11: Sittlichkeit und Kriminalität

(Im Text wurde immer dann auf diese Ausgabe zurückgegriffen, wenn Texte von Karl Kraus nicht in den von Christian Wagenknecht herausgegebenen Schriften enthalten sind; zitiert als W mit entsprechender Band- und Seitenzahl)

Die Fackel. Fotomechanischer Nachdruck. Herausgegeben von Heinrich Fischer, München 1970–1973

(im Text zitiert mit F und Nummer- bzw. Seitenzahl)

Karl Kraus, Frühe Schriften. 1892–1900, 2 Bde., München 1979

(im Text zitiert mit FS sowie Band- und Seitenzahl)

Kraus, Karl, Briefe an Sidonie Nádherný von Borutin 1913–1936. Auf der Grundlage der Ausgabe von Heinrich Fischer und Michael Lazarus neu herausgegeben und ergänzt von Friedrich Pfäfflin, 2 Bde., Göttingen 2005

(zitiert als BS mit Band- und Seitenangabe).

Wollschläger, Hans, Karl-Kraus-Lesebuch, Frankfurt a. M. 1987

(im Text zitiert als L mit entsprechender Seitenzahl)

Karl-Kraus-Edition im Marixverlag, herausgegeben von Bruno Kern:

Weltgericht. Satiren und Polemiken, Wiesbaden 2014.

Sittlichkeit und Kriminalität und weitere Satiren zu Justiz und Moral, Wiesbaden 2017.

Die dritte Walpurgisnacht. Eingeleitet von Bruno Kern, Wiesbaden 2015.

Nestroy, Heine & Co. Aufsätze zur Literatur, Wiesbaden 2018.

2. Biografien

Fischer, Jens Malte, Karl Kraus. Der Widersprecher, Wien 2020.

Le Rider, Jacques, Karl Kraus. Phare et brûlot de la modernité viennoise, Paris 2018.

Schick, Paul, Karl Kraus in Selbstzeugnissen und Bilddokumenten (Rowohlt Bildmonographien), Reinbek 1965.

Weigel, Hans, Karl Kraus oder Die Macht der Ohnmacht. Versuch eines Motivenberichts zur Erhellung eines vielfachen Lebenswerks, Frankfurt a. M. 1972.

3. Weitere Sekundärliteratur zu Karl Kraus

Benjamin, Walter, *Karl Kraus liest Offenbach*, in: ders., Gesammelte Schriften, Bd. IV/1, Frankfurt a. M. 1972, 515–517.

Benjamin, Walter, *Karl Kraus*, in: ders., Gesammelte Schriften, Bd. II/1, Frankfurt a. M. 1977, 334–354.

Canetti, Elias, *Karl Kraus, Schule des Widerstands*, in: ders., Das Gewissen der Worte. Essays, Frankfurt a. M. 1981 (a), 42–53.

Canetti, Elias, *Der neue Karl Kraus*, in: ders., Das Gewissen der Worte. Essays, Frankfurt a. M. 1981 (b), 254 - 278.

Franzen, Jonathan, Das Kraus-Projekt, Reinbek 2014.

Goblot, Germaine, *Les parents de Karl Kraus*, in: Études germaniques 5/1 (1950), 43–53.

Horkheimer, Max, *Karl Kraus und die Sprachsoziologie*, in: ders., Gesammelte Schriften, Bd. 13, Frankfurt a. M. 1989, 19–24.

Pfabigan, Alfred, Karl Kraus und der Sozialismus, Wien 1976.

Reich-Ranicki, Marcel, *Seine Liebe war wie sein Hass. Karl Kraus: Sprachfanatiker, Alleinunterhalter, Zuchtmeister, Intellektuellenclown, Weltverbesserer*, in: ders., Meine Geschichte der deutschen Literatur. Vom Mittelalter bis zur Gegenwart, München 2014, 223–238.

4. Weitere Literatur

Altenberg, Peter, Was der Tag mir zuträgt. Auswahl aus seinen Büchern. Herausgegeben von Karl Kraus, Wiesbaden 2009.

Anders, Günther, Die Antiquiertheit des Menschen, Bd. 1: Über die Seele im Zeitalter der zweiten industriellen Revolution, München [6]1983.

Canetti, Elias, Die Fackel im Ohr. Lebensgeschichte 1921–1931, München 1980.

Kurz, Robert, Schwarzbuch Kapitalismus. Ein Abgesang auf die Marktwirtschaft, Frankfurt a. M. 1999.

Luxemburg, Rosa, Menschsein ist vor allem die Hauptsache. Gedanken einer Revolutionärin. Hg. von Bruno Kern, Wiesbaden 2018.

Marx, Karl / Engels, Friedrich, Werke. Hg. vom Institut für Marxismus-Leninismus beim ZK der SED, Bde. 1–40, 1956 ff (zitiert als MEW mit entsprechender Band- und Seitenzahl).

Werfel, Franz, Der Weltfreund, Leipzig o. J.

Bildnachweis

AdobeStock S. 137 (Pedro), 139 (EKH-Pictures), 140 (reichhartfoto), 142 (visualpower), 144 (valeriyap), 145 (Roman Babakin), 146 (Agata Kadar)

akg-images S. 3 (brandstaetter images / Madame d´Ora), 24 (brandstaetter images), 34 (Fototeca Gilardi), 47, 52, 54 (Archiv K. Wagenbach), 56, 83 (brandstaetter images), 100, Umschlag Innenklappe (Erich Lessing)

Austrian Archives S.29 (brandstaetter images / picturedesk.com)

Hotel Imperial Wien / Matthew Shaw S. 143

mauritius-images S. 6 und S. 148 (Shim Harno / Alamy Stock Photos), 138 (Zoonar GmbH / Alamy Stock Photos)

ÖNB/Wien S. 14 (Pf 7289:E(1)), 36 (Pf 6668:E(1))

picture alliance Cover (Fine Art Images/Heritage Images), S. 63 (brandstaetter images/ Austrian Archives | Trude Fleischmann), 89 (ullstein bild), 113 (brandstaetter images/ Austrian Archives), 116 (ullstein bild),

Wiener Stadt- und Landesarchiv (WStLA) S. 127 (HAA, Persönlichkeiten, A1 K12 001 004)

Wienbibliothek im Rathaus / CC BY-NC-ND 4.0 S. 22 (H.I.N.-235370), 23 (H.I.N.-235371), 72 (H.I.N.-235409), 74 (H.I.N.-235414), 125 (H.I.N. 235425)

Wikimedia Commons S. 21 (MartinVeselka, CC BY-SA 4.0, https://w.wiki/7thY), 71 (Hermann Clemens Kosel, Public domain, https://w.wiki/7thV), 88 (Public domain, https://w.wiki/7thE) 95 (Elke Wetzig, CC BY-SA 4.0, https://w.wiki/7thQ), 147 (Haeferl, CC BY-SA 4.0 https://w.wiki/7thF)

Möchten Sie regelmäßig über neue Veröffentlichungen und Veranstaltungen informiert werden sowie exklusive Einblicke erhalten?
Dann abonnieren Sie unseren Newsletter!

Es ist ganz einfach – besuchen Sie unsere Internetseite oder nutzen Sie den beigefügten QR-Code, um sich anzumelden.

Wir freuen uns darauf, Sie willkommen zu heißen!

Impressum

Bruno Kern
KARL KRAUS
Widerspruch gegen den Zeitgeist

ISBN: 978-3-7374-0304-7

Alle Rechte, auch die der Übersetzung, Vervielfältigung und Verbreitung (ganz oder teilweise) für alle Länder vorbehalten.

© Weimarer Verlagsgesellschaft in der Verlagshaus Römerweg GmbH, Wiesbaden 2024

www.verlagshaus-roemerweg.de

Cover, Layout & Satz: Anja Carrà, Weimar
Lektorat: Aline Wollmer, Wiesbaden
Gesamtherstellung: CPI books GmbH – Germany

Mehr über Ideen, Autor:innen und Programm des Verlags finden Sie auf www.verlagshaus-roemerweg.de und in Ihrer Buchhandlung.